KÖNIGS FURT

Über dieses Buch
Das Kartenlegen mit den Zigeuner-Wahrsagekarten erfreut sich seit ihrem ersten Erscheinen auf dem Orakel-Markt kontinuierlicher Beliebtheit. Dieses Buch bietet eine neue Sicht auf die Karten durch seine Verbindung traditioneller Deutungen mit moderner Symbolanalyse.

Über die Autoren
Seit vielen Jahren unterrichten und beraten ROE (Zigeuner, Tarot, Lenormand) und Kirsten Kretschmer (Tarot) mit Karten. Es ist ihnen ein wichtiges Anliegen, ihre persönliche Vision »Seriöse Beratung mit Karten etabliert sich als anerkannter Beruf im deutschsprachigem Raum« zu verwirklichen. Dies soll mit Hilfe der Schaffung eines internationalen Netzwerks, dessen Mitglieder sich durch gleiche Werte und Engagement verbunden fühlen, sowie durch den Ausbau vernetzter Kartenschulen verwirklicht werden.

Beide sind geprüfte Berater und Mentoren des Vereins Tarot e.V. und realisieren diverse Kartenevents im deutschsprachigen Raum.

Von ROE und Kirsten Kretschmer sind bereits erschienen:
Deutungs-Booklet zum Röhrig-Tarot
Weitere Titel in Vorbereitung

Kirsten Kretschmer · ROE

Zigeuner-Orakel
Liebe · Glück · Erfolg

Königsfurt

Bibliographische Informationen der Deutschen Bibliothek:
Die Deutsche Bibliothek verzeichnet diese Publikation in der
Deutschen Nationalbibliographie; detaillierte bibliographische
Daten sind im Internet über http://dnb.ddb.de abrufbar.

Texte, Abbildungen und Karten sind urheberrechtlich geschützt.
Weitere Reproduktionen nur nach Genehmigung durch den Verlag.

Originalausgabe
Krummwisch b. Kiel 2007
Copyright © 2007 by Königsfurt Verlag
D-24796 Krummwisch
www.koenigsfurt-urania.com

Abbildungen Umschlag und Inhalt: „Zigeuner Wahrsagekarten"
von Piatnik, A-Wien, mit freundlicher Genehmigung

Umschlag, Satz, Lithos: Stefan Hose, D-24357 Götheby-Holm
Printed in EU

ISBN 978-3-89875-879-6 (Buch separat)
ISBN 978-3-89875-609-9 (Karten separat)
ISBN 978-3-89875-878-9 (Buch & Karten im Set)

Inhalt

Einführung
7

Geschichte der Zigeunerkarten
7

Sinnvoller Einsatz von Orakeln
9

Ein moderner Deutungsansatz
10

Allgemeine Deutungsanregungen
10

Tipps zur Kartendeutung
13

Tipps zur Kartenarbeit
87

Legesysteme
89

9er-Legung nach ROE
89

Kreuz nach Max Bolleter, Zürich
90

BRAINSHOT©ROE
91

Anhang
92

Die einzelnen Karten im Überblick

Beständigkeit	14
Besuch	16
Botschaft	18
Brief	20
Dieb	22
Eifersucht	24
Etwas Geld	26
Falschheit	28
Feind	30
Fröhlichkeit	32
Gedanken	34
Geistlicher	36
Geld	38
Geliebter	40
Geliebte	42
Geschenk	44
Glück	46
Haus	48
Heirat	50
Hoffnung	52
Kind	54
Krankheit	56
Liebe	58
Offizier	60
Reise	62
Richter	64
Sehnsucht	66
Tod	68
Traurigkeit	70
Treue	72
Unglück	74
Unverhoffte Freude	76
Verdruss	78
Verlust	80
Witwe	82
Witwer	84

Einführung

Auch in unserem so genannten aufgeklärten und dem Orakeln gegenüber hoch skeptisch eingestellten, psychologisch orientierten Zeitalter erfreuen sich die hübschen Zigeunerkarten großer und sogar wieder ständig wachsender Nachfrage und Beliebtheit. Das liegt bestimmt unter anderem an den leicht einprägsamen, aussagekräftigen Illustrationen, die in eine nostalgische Zeit entführen, in der unserer Vorstellung nach vieles besser war, weil weder Hetze, Ruhelosigkeit noch Abhängigkeit von den Errungenschaften der modernen Technik den Alltag bestimmten. Stärkere Anziehungskraft als die Bilder löst jedoch sicher der Untertitel der »Zigeuner«-Wahrsagekarten aus. Die Hoffnung, durch das Auslegen der Karten Definitives über die eigene Zukunft – und zwar möglichst reichlich Positives – zu erfahren, ist eben wirklich sehr verlockend. Zu der Zeit, als die Karten entstanden, ebenso wie heute.

Die Tatsache, dass diese Karten wohl speziell zum Zweck der verbindlichen Vorhersage und des Schicksalsorakelns entworfen wurden, bedeutet aber nicht, dass Karteninteressierte sie daher ausschließlich dafür einsetzen können und sollten. Vielmehr lohnt es sich, die etwas angestaubte Symbolik der Karten auf ihren modernen Gehalt zu untersuchen und sie so in ein neues Zeitalter zu übertragen.

Dies genau ist das Anliegen des vorliegenden Buches. Tradition und Gegenwart der Zigeuner-Wahrsagekarten sollen hier miteinander verbunden werden, um aufzuzeigen, dass seriöse, psychologische und ethisch fundierte Arbeit mit diesen Karten genauso möglich ist, wie mit anderen beliebten Orakelkarten.

Geschichte der Zigeunerkarten

Die Zigeunerkarten gehören zum Genre der »Wahrsagekarten«. Dieses entstand im Laufe der 2. Hälfte des 19. Jahrhunderts und bezeichnete Kartendecks von 36, 48, oder 52[1] Karten, die explizit zum Orakeln aufgelegt wurden. Das vorliegende Set besteht aus 36 Karten – wie die

---

1 Das Art Deco Wahrsagedeck, z.B. – ebenfalls bei Piatnik erschienen – beinhaltete außer den in diesem Buch vorgestellten 36 Karte noch die Motive: »Alter Herr«, »Arzt«, »Dienerschaft«, »Fremde Frau«, »Gefängnis«, »Gesellschaft«, »Gewinn«, »Großer Herr«, »Gute Nachricht«, »Hoffart«, »Junger Herr«, »Jungfrau«, »Missverständnis«, »Nebenbuhler«, »Unbeständigkeit«, »Verrat«.

heute gängigen Lenormand- oder Kipperdecks, mit denen die Zigeunerkarten gern in einen Topf geworfen werden. Kein Wunder, sind doch einige der dargestellten Motive mit den beiden anderen Kartenorakeln durchaus vergleichbar. Anders als ihre Verwandten sind die »Zigeuner« jedoch nicht nummeriert. Eine weitere Besonderheit der Karten ist ihre Beschriftung in jeweils sechs Sprachen. Dabei weisen – neben Deutsch und den heute gängigen Weltsprachen Englisch, Französisch und Italienisch – die kroatische und ungarische Übersetzung darauf hin, dass die Karten Themenkreisen und Symbolen der österreichisch-ungarischen k. und k. (kaiserlichen und königlichen) Monarchie[2] entstammen.

Die Herkunft der Zigeuner-Wahrsagekarten ist stark umstritten und wird gern mystifiziert. Betrachten wir die Motive der Karten, wird jedoch schnell klar, sie nichts mit dem Volk der Roma und Sinti zu tun haben, die sich bekanntlich durch die von ihnen nicht erfundene Bezeichnung »Zigeuner« diskriminiert fühlen. Vielmehr war diese romantische Namenstaufe wohl als werbewirksame Maßnahme gedacht, um das Deck aus dem beachtlichen Angebot an den damals beliebten Wahrsage- oder Aufschlagkarten[3] hervorzuheben und in großer Stückzahl vertreiben zu können. Schließlich – obwohl ansonsten gefürchtet und gesellschaftlich geächtet – standen die Roma und Sinti stets im mystischen Ruf, Wahrsager und Schicksalsexperten zu sein.

Zielgruppe dieser klugen Marketingstrategie des Wiener Kartenherstellers Piatnik, der die »Zigeuner« das erste Mal Anfang des 20. Jahrhunderts herausbrachte, war wohl die gut betuchte bourgeoise Gesellschaft – und hier ganz besonders die Damenwelt. Dies lässt sich zum Beispiel daraus ersehen, dass das Thema »Geld durch Arbeit« bei den Zigeunerkarten keine Erwähnung findet. Die Stärke des Decks liegt eindeutig in seinen vielen Gefühlskarten, die feinste Schattierungen

---

2 Die österreichisch-ungarische Monarchie (auch Donaumonarchie oder Doppelmonarchie) war ein Vielvölkerstaat, der von 1867 bis 1918 bestand. Sie setzte sich aus zwei Staaten zusammen: aus den »im Reichsrat vertretenen Königreichen und Ländern«, offiziell Zisleithanien (erst ab 1915 amtlich Österreich), und den »Ländern der heiligen ungarischen Stephanskrone«. Hinzu kam 1878 das gemeinsam verwaltete Bosnien-Herzegowina.
Mit einer Fläche von 676.615 km² und 52,8 Mio. Menschen (1914) – war Österreich-Ungarn, flächenmäßig nach Russland – der zweitgrößte und von seiner Bevölkerungszahl, nach Russland und dem Deutschen Reich, der drittgrößte Staat Europas.
Sein damaliges Staatsgebiet umfasst die heutigen Staaten Österreich, Ungarn, Tschechien, Slowakei, Slowenien, Kroatien, Bosnien und Herzegowina, Teile des heutigen Rumäniens, Montenegros, Polens, der Ukraine, Italiens, und Serbiens.
(Quelle: www.wikipedia.de)

3 Die heute gängigen Biedermeier Aufschlagkarten stimmen übrigens in Motiven und Namensgebung mit den Zigeunerkarten überein.

bei der Analyse von delikaten Herzensangelegenheiten, aber auch von anderen besorgniserregenden oder erfreulichen Familien-Ereignissen ermöglichen. Damals wie heute beste Voraussetzung, um nicht nur zur tiefschürfenden Seelenforschung, sondern auch mal zum unterhaltsamen Zeitvertreib die Karten aufzuschlagen.

Die heute handelsüblichen Karten wurden um 1960 das letzte Mal von der Firma Piatnik leicht verändert und aktualisiert.

Sinnvoller Einsatz von Orakeln

Die Autoren des vorliegenden Buches sind der festen Überzeugung, dass ein jeder und eine jede von uns das Recht, wenn nicht sogar die Pflicht haben, das eigene Leben selbstständig, aktiv und ohne Glauben an ein unabwendbares Schicksal frei zu gestalten. Wir alle sind unseres eigenen Glückes Schmied.

Bei dieser Herausforderung können uns Orakel wertvolle Dienste leisten:

- Sie unterstützen uns bei unserem Wunsch nach persönlicher Entwicklung durch Aufzeigen von hemmenden Verhaltens-, Gefühls- und Glaubensmustern
- Sie begleiten Entscheidungen, indem sie die Vergangenheit und besonders die Gegenwart aus einem objektiven Blickwinkel beleuchten.
- Sie können auf mögliche Konsequenzen alltäglicher Handlungen und schwerwiegender Entscheidungen hinweisen und regen zum ständigen Nachdenken über das eigene Tun und Verhalten an.

Weniger sinnvollen Einsatz finden sie:

- beim Weissagen einer festgeschriebenen Zukunft.
- beim unerlaubten Ausspionieren von Gefühlen und Gedanken anderer Menschen.
- als Ersatz für den Besuch beim Rechtsanwalt oder Fachmediziner.
- als Problemlöser und Entscheidungsabnehmer.

Für weitere Infos zu diesem Thema möchten die Autoren auf den Ehrenkodex des Vereins Tarot e.V. verweisen, der auf der Vereinsseite www.tarotverband.de abrufbar ist.

Ein moderner Deutungsansatz

Die Autoren des vorliegenden Buchs haben kein weiteres Deutungsbuch im herkömmlichen »Wahrsage«-Stil verfasst, sondern sich hier mit der Erläuterung der Kartensymbolik aus der Sicht ihrer Entstehungszeit und ihrer Umsetzung in moderne Bildersprache beschäftigt. Die altmodische Symbolik wird so verständlich gemacht und dem aktuellen Zeitgeist angepasst. So erweitert sich das Interpretationsrepertoire auf für heutige Menschen relevante Themen.

Außerdem möchten die Autoren Dimensionen dieser Karten erschließen, die in traditionellen Auslegungen (die sich zumeist auf das Kombinieren der einzelnen Symbole zu Aussagen beschränken) nicht oder kaum berücksichtigt werden.

Sie wollen dazu anregen, die eindrückliche Bildersprache auf verschiedenen Ebenen zu hinterfragen und in unserem Alltag zu erkennen, um mit ihnen zu arbeiten und sich zu neuen Handlungsstrategien inspirieren zu lassen.

Die Autoren möchten die Leser dazu ermutigen, die Karten beim Deuten immer zuerst auf sich selbst oder die fragende Person zu beziehen und erst dann auf das derzeitige Umfeld oder andere Menschen. Denn die Karten geben uns stets Aufschluss darüber, wo wir derzeit am besten an uns arbeiten können, um eben genau das zu erhalten, was wir persönlich unter Liebe, Glück und Erfolg verstehen.

Ergänzt werden die einzelnen Symboldeutungen jeweils durch ein passendes Zitat aus der Weltliteratur sowie durch Leitsätze zu wichtigen Lebensthemen.

Allgemeine Deutungsanregungen

Laut Anne Biwer[4] sind die Zigeuner-Wahrsagekarten in die Bereiche Personenkarten, Gefühle und Zustände, Ereignisse, Arbeit und Besitz sowie Spiritualität unterteilt. Die Autoren möchten darauf hinweisen, dass es durchaus andere mögliche Aufteilungen gibt – z.B. die Unterscheidung zwischen tatsächlichen und allegorischen Gestalten oder die Aufteilung in Karten, die in der Öffentlichkeit (besonders im Park), in der Stadt, auf Reisen oder in Häusern in Szene gesetzt sind. Mit diesem Buch möchten die Autoren dazu ermutigen, die einzelnen Karten genau zu betrachten und sie in Kontext zueinander zu setzen, anstatt sie lediglich als Piktogramme oder als Stichwortgeber für wahrsagerische Zwecke zu sehen.

---

4 siehe Anne L. Biwer: *Zigeuner-Wahrsagekarten – Kartenlegen für Einsteiger*, erschienen im Schirner Verlag, 1999

Um diesen symbolischen Inhalt der Karten zu verdeutlichen, wird im Folgenden die vom Betrachter aus gesehene linke Seite einer Karte als die »bewusste«, die vom Betrachter aus gesehene rechte Seite als die »unbewusste« beschrieben.

Tipps zur Kartendeutung

Beständigkeit

Traditionelle Deutung

Mit Beständigkeit und Geduld gelangen Sie an das gesetzte Ziel. Die Karte fordert auf, durchzuhalten und auch bei äußerem Widerstand oder Verzögerungen nicht die Flinte ins Korn zu werfen. Eine spirituelle Karte des Schutzes und der Zuversicht.

Symbolische Bedeutung

In ihrer Gestaltung setzt sich die »Beständigkeit« stark von den anderen Karten des Decks ab: Vor grünem, hoffnungsvollem Hintergrund, eingerahmt von einem Strahlenkranz und mit kleinen Sternchen dekoriert, wird die Beständigkeit von einem »Allsehenden Auge« dominiert. Auch als »Auge der Vorsehung«, »Auge des Horus«, »Auge des Shiva« oder »Auge Gottes« bekannt, steht dieses Symbol schon seit Zeiten der Pharaonen oder der Bibel für die »ewige Wachsamkeit Gottes«, die alles aufdeckt, was wir Menschen gern verborgen wissen wollen. Das Auge ist durch seine Fähigkeit zu sehen auch ein Sinnbild für die Sonne, den Geist und das Licht, kurz: für die Erleuchtung. Gleichzeitig ist es als Fenster zur Seele ein Symbol für die Schau nach innen und für Selbstreflexion.

Normalerweise wird dieses Symbol noch durch ein Dreieck – Zeichen der göttlichen Fruchtbarkeit, der Heiligen Dreifaltigkeit oder der dreifachen Göttin – ergänzt. Angedeutet wird diese geometrische Figur jedoch im Schnitt des dargestellten Auges – ein linkes, unbewusstes – das stark an die Darstellung durch die Freimaurer oder bei den Illuminaten erinnert. Es ist geöffnet, was den Aspekt des »Allsehens« noch betont und gleichzeitig, als drittes geöffnetes Auge, auf die Möglichkeit von Erleuchtung hinweist.

Obwohl ein »Allsehendes Auge« die Gefahr eines Überwachungsstaates à la »Big Brother is watching you« nahelegt, sollten wir versuchen, die Beständigkeit erst einmal auf uns selbst zu beziehen. Stete Wachsamkeit über unser Handeln und unser Reden kann natürlich auch Eigenverantwortung und Gewissenhaftigkeit repräsentieren. Wer offenen Auges, bewusst und analytisch durchs Leben geht, hat beste Aussichten auf tiefgreifende Selbsterkenntnisse, gutes Feedback von außen und langfristige Zufriedenheit. Die Erforschung der eigenen Spiritualität und die Findung des persönlichen Glaubens sind weitere Themen, die diese Karte beinhaltet.

Zitat

»Nimm die Welt von der leichten Seite,
und der Geist wird frei von jeder Last
sein.

Miss den Zehntausend Dingen
keine Bedeutung bei,
und dein Herz wird nicht verwirrt sein.

Lass dir Leben und Tod gleich wichtig
sein,
und dein Verstand wird ohne Angst
sein;

nimm gegenüber Wandel und
Beständigkeit die gleiche Haltung ein,
und nichts wird deine Klarheit trüben.«

(Lao-Tse)

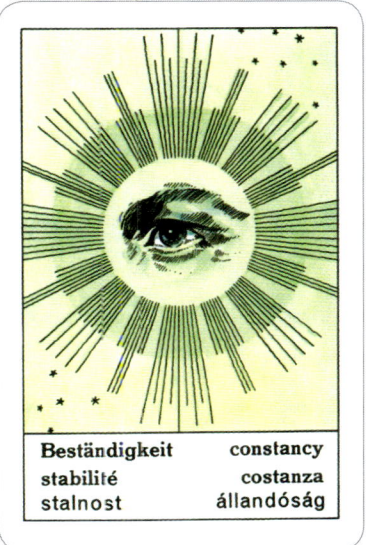

Beständigkeit — constancy
stabilité — costanza
stalnost — állandóság

Tipp
Was genau ist Ihr wichtigstes langfristiges Ziel? Mit Geduld und Vertrauen werden Sie es sicherlich erreichen.

♥ Liebe
Verschließen Sie Ihre Augen nicht vor etwaigen Beziehungsproblemen, sondern reden Sie darüber.

♣ Glück
Treue den eigenen Zielen gegenüber kann großes Glück bedeuten.

✈ Erfolg
»Es gibt ein Aug´, das alles sieht, wenn's auch in dunkler Nacht geschieht.« Scheuen Sie also nicht das Licht und verschleiern Sie nichts, um Ihren Erfolg auch langfristig zu sichern.

Besuch

Traditionelle Deutung

Der Besuch kündigt neue Begegnungen, Sichtweisen und spannende Vernetzungsmöglichkeiten an. Eine Zeit geselliger Unruhe, aufregend und abwechslungsreich, die aber auch wieder vorüber geht, steht bevor.

Symbolische Bedeutung

Der Kontakt der beiden Damen auf der hellen Treppe – nicht wirklich im intimsten Teil des Hauses, aber auch nicht völlig in der Öffentlichkeit – weist auf produktiven Austausch hin. Die »höher« stehende ältere Dame empfängt eine junge Frau, die sich in bester Knigge-Manier korrekt mit einem Blumenbouquet dafür bedankt. Der hierarchische Aufbau der Karte erinnert an die »Falschheit«, als deren positive Gegenseite weiblicher Qualitäten sie gesehen werden kann. Das Thema der Kommunikation verbindet den »Besuch« auch mit den Karten »Verdruss«, «Fröhlichkeit« und »Verlust«. Wie auch immer auf den anderen Karten miteinander geredet wird: Die beiden Damen hier sind äußerst höflich zueinander und begegnen sich am hellen Tage. Hier wird sich nicht bekriegt, sondern von einander gelernt und der Horizont erweitert (das große lichte Fenster erinnert an die »Sehnsucht« und die damit verbundenen Themen).

Wie Besuch empfangen wird, hat laut dem Sagen- und Märchenschatz weitreichende Konsequenzen auf das Leben eines Gastgebers. Ein jeder Gast könnte schließlich ein verkleideter Gott sein, bereit, die Gastfreundlichkeit zu belohnen oder deren Missachtung zu bestrafen. In vielen Völkern wurde und wird der Bruch des Gastrechts als besonders frevelhaft geahndet.

Beim »Besuch« geht es also besonders um gesellschaftliche Konventionen und den Ausbau sozialer Kompetenzen, die für eine funktionierende Integration ins öffentliche Leben und zur Vernetzung unerlässlich sind.

Auch wenn die ältere Dame im braun-dunkelblauen, geerdeten Kleid sicher auf den größeren Erfahrungsschatz zurückgreifen kann, trägt ihre »Schülerin« in optimistischem Himmelblau Frische und Abwechslung ins Haus. Der Austausch von Weisheit und Naivität – immer wieder ein wichtiger Impuls im Leben eines jeden Menschen, auch – oder gerade – weil so ein Besuch auch vorüber geht und der Lebensalltag bereichert wieder aufgenommen werden kann.

Zitat

*»Ein sich manche Chose renkt,
wenn man eine Rose schenkt.«
(Gerhard Schumann)*

Tipp
Genießen Sie eine Zeit gemeinsamer Unternehmungen und des persönlichen Austauschs. Achten Sie aber dennoch darauf, sich nicht zu viel aufzubürden und lernen Sie, sich gegebenenfalls abzugrenzen.

♥ Liebe
Genug geturtelt. Gehen Sie auch mal wieder unter Menschen und erleben Sie gemeinsam – oder noch besser jede/r für sich – etwas, damit Ihre Liebe auch wieder frische Impulse erhält.

♣ Glück
Vernachlässigen Sie nicht Ihren Freundeskreis. Ein sicheres soziales Netzwerk ist einer der wichtigsten Schlüssel zu Glück und Zufriedenheit.

✈ Erfolg
Nutzen Sie alle Gelegenheiten, um neue Kontakte zu knüpfen und Ihren Erfolg durch gute Beziehungen langfristig zu stärken.

Botschaft

Traditionelle Deutung

Hermes bringt Nachrichten oder wichtige Informationen bezüglich der Arbeit oder des Besitzes sowie auch der Liebe ins Haus. Ob gute oder schlechte Nachrichten und um welches Thema es sich genau dreht, verraten die Karten in der Umgebung.

Symbolische Bedeutung

Wie Fortuna auf dem »Glück« ihr Freuden spendendes Füllhorn über dem Erdball ausschüttet, so verstreut Hermes Briefe und Münzen in die Atmosphäre. Eine der zahlreichen Allegorien im Zigeunerdeck: Der griechische Götterbote (römisch Merkur) wird ganz klassisch, lediglich mit geflügelten Helm und geflügelten Sandalen bekleidet dargestellt. Auch der Caduceus oder Hermes-Stab fehlt nicht – ein Hinweis darauf, dass Hermes zwischen Himmel und Erde, manchmal auch zwischen Welt und Unterwelt vermittelt. Eine weitere wichtige Funktion des diplomatisch versierten Halbgottes war die Überwachung der Einhaltung von Verträgen – somit kann diese Karte auch auf partnerschaftliche Vereinbarungen in Beruf (Kooperation) und Beziehung (Ehevertrag) hinweisen. Nachrichten bezüglich Romantik und Liebe sind nicht unbedingt sein Resort und werden im Deck eher durch die Karte »Brief« vertreten.

Da der Bote zwischen den Welten der Götter und der Menschen vermittelt und uns die Dekrete des Zeus überbringt, umweht seine Informationen auch immer einen Hauch von Schicksal. Das Tuch, das um ihn fliegt, erweckt den Eindruck von Geschwindigkeit und somit die Möglichkeit, dass die Nachrichten schnell zugestellt werden – in Zeiten von elektronischer Kommunikation (E-Mail, SMS und Mobil) nicht mehr so erstaunlich wie vielleicht zur Entstehung des Decks. Die grüne Farbe des Tuchs weist auch auf die »Hoffnung« hin. Die Botschaften werden wohl nicht nur mit Ungeduld, sondern auch mit dem Wunsch nach positiven Informationen erwartet.

Zitat

»In einer Fünftelsekunde kannst du eine Botschaft rund um die Welt senden. Aber es kann Jahre dauern, bis sie von der Außenseite eines Menschenschädels nach innen dringt.«

(Charles Kettering)

Botschaft   message
message   messaggio
poruka   üzenet

Tipp

Warten Sie nicht ewig auf ausstehende Informationen. Ergreifen Sie lieber die Initiative und ordnen Sie die Angelegenheiten selbst.

♥ Liebe

Lassen Sie Ihren Liebsten ruhig mal wissen, wie Sie für ihn empfinden. Kleine Herzensbekundungen erhalten die Liebe.

♣ Glück

Ob gute oder schlechte Nachrichten, lassen Sie sich nicht aus der Ruhe bringen. Wenn Sie bei sich bleiben, kann Sie keine Information bedrohen.

⚹ Erfolg

Es ist Grundlage eines erfolgreichen Daseins, auch mit unangenehmen Nachrichten souverän umzugehen.

Brief

Traditionelle Deutung

Beim Brief ist generell mit positiven Nachrichten zu rechnen, hauptsächlich aus dem Bereich der Liebe und der Romantik. Eine Karte, die auch auffordert, Briefe zu schreiben und flexibel zu bleiben.

Symbolische Bedeutung

Die anmutige Taube, die hier einen liebevoll mit rosarotem Bändchen verzierten Brief durch die Wolken transportiert, ist ein klassisches Symbol für Liebesnachrichten. Auch der zarte Flieder – in der Sprache der Blumen Zeichen junger und romantischer Liebe – hebt gerade die Herzensthematik hervor. Als Symbol des Friedens kann die Taube außerdem Nachrichten der Aussöhnung und Kompromissbereitschaft signalisieren.

Traditionell findet die Taube ihren Weg immer wieder heim, nach romantischer Sicht direkt in unsere Herzen, und das schon seit altägyptischen Zeiten. Auch wenn hier die Betonung auf Herzensangelegenheiten liegt, wurden die Tauben selbstverständlich nicht nur als Kommunikationsmittel zwischen Liebenden genutzt. Sie wurden auch ganz unprosaisch als zuverlässige und schnelle Boten in Kriegszeiten und für Handelsverbindungen eingesetzt.

Das Siegel spielt dabei auf die Tatsache an, dass die Tauben oft als Träger geheimer Nachrichten, die nur für den ausdrücklichen Empfänger bestimmt waren, verwendet wurden und damit einen besonderen Stellenwert in Krisensituationen jeder Art hatten. Somit unterscheidet sich der »Brief« von der »Botschaft« darin, dass bei ersterem eher mit Nachrichten intimer Natur, bei letzterer eher mit offiziellen Nachrichten zu rechnen ist.

Im Übrigen ist anzumerken, dass das verbreitete und im Zigeunerdeck bediente Klischee von Anhänglichkeit und Treue der Taube grundlos ist. Denn im Prinzip wird lediglich der Heimkehrtrieb des Vogels für menschliche Zwecke ausgenutzt. Es stellt sich also die Frage, welche Mittel wir einsetzen sollten, um unsere Verbindungen mit der Außenwelt zu festigen und welche nicht.

Zitat

*»Taube, sei nicht müde,
Flieg und bring mir die Antwort
zurück,*

*Flieg! Und flieg schnell.
Eile zu meiner Liebe.«*

(Gedicht aus Kenia)

Tipp

Bei Nachrichten mittels Tauben liegt die Betonung auf Heimkehr, nicht auf Abflug. Bleiben Sie daher nicht passiv und abwartend. Nachrichten erhalten Sie dann, wenn Sie solche auch aussenden.

♥ Liebe

Warten Sie nicht darauf, dass sich jemand bei Ihnen meldet, sondern laden Sie selbst diese Person in ihr Herz und Haus ein.

♣ Glück

Eine Nachricht hat die Macht, das Tor zum Himmel oder zur Hölle zu öffnen.
    Welche Tür für Sie aufgeht, hängt davon ab, wie Sie selbst mit anderen kommunizieren.

✈ Erfolg

Lernen Sie, auch zwischen den Zeilen einer Nachricht zu lesen und erkennen Sie so die Zeichen der Zeit. Ständige Informationsaktualität ist die Karte zum Erfolg.

Dieb

Traditionelle Deutung

Der Dieb warnt davor, dass jemand im Umfeld nichts Gutes will. Es soll etwas entwendet werden. Das muss nicht unbedingt etwas Greifbares sein. Der Verlust ist aber offensichtlich. Vielleicht befinden wir uns jedoch auch selbst auf Diebeszug und sind uns dessen noch gar nicht bewusst.

Symbolische Bedeutung

Der hier dargestellte Dieb agiert im Schutze der Nacht. Seine Aktivität ist nicht ganz durchschaubar. Stiehlt er etwas aus dem Schrank (auf der bewussten Seite) oder verschließt er etwas in ihm?

In diesem Zusammenhang fällt auch auf, dass Licht durch das Fenster auf der unbewussten Seite dringt und dort der Park, in dem sich zahlreiche anderen Personen des Zigeunerdecks bewegen, erkennbar ist. Der Dieb arbeitet jedoch nicht in der Öffentlichkeit, sondern dringt in die persönliche Intimsphäre ein.

Wer den »Dieb« zieht, kann durchaus von außen mit Diebstahl von materiellem, geistigem oder ideellem Eigentum bedroht werden. Dafür muss allerdings tatsächlich etwas da sein, was gestohlen werden kann. Sonst kann die Karte auch auf unsere Verlustangst und unser Misstrauen hinweisen. Vielleicht sollten wir uns im Loslassen üben?

Überhaupt kann die Bedrohung sehr gut in uns selbst liegen. Der Hinweis, dass der Dieb auch etwas wegsperren kann, sollte durchaus ernst genommen werden – wo verdrängen wir gerade etwas? Und welche eigenen Schattenseiten möchten wir vor uns selbst oder anderen verbergen? Und vergessen wir nicht die positiven Seiten des Diebstahls – schließlich können Ihnen auch Sorgen, Ängste und belastende Situationen gestohlen werden.

Zitat

»Zum Raube lächeln, heißt den Dieb bestehlen,

Doch selbst beraubst du dich durch nutzlos Quälen.«

(William Shakespeare, Othello)

Tipp

Überprüfen Sie sich selbst und Ihr Umfeld – wo haben Sie das Gefühl, dass man Ihnen etwas wegnehmen könnte und warum? Was wäre, wenn das tatsächlich geschehen würde? Ein Verlust kann sich auch als ein Gewinn herausstellen.

♥ Liebe

Wie heißt es so schön? »Du hast mein Herz gestohlen!« Warum diese Heimlichkeit? Reden Sie doch einfach offen über Ihre Gefühle. Oder geben Sie Ihr Herz ganz einfach freiwillig her.

♣ Glück

Verschließen Sie sich nicht der Veränderung und dem Wandel aus Angst vor Zerstörung unbefriedigender Sicherheit, denn wahres Glück muss nicht gestohlen werden.

↗ Erfolg

Inwieweit stehen Sie sich selbst und dem eigenen Erfolg eigentlich im Wege?

Eifersucht

Traditionelle Deutung

Die Karte symbolisiert Eifersucht in allen Lebensbereichen und die daraus resultierenden unlauteren Handlungen: Mobbing am Arbeitsplatz, Intrigen in Liebesdingen, Neid wegen verwehrter Zuneigung und Neid auf Talente, Aussehen oder Zufriedenheit anderer Menschen, auch Missgunst unter Nachbarn oder im Familienkreis.

Symbolische Bedeutung

Das Fest ist vorbei, dennoch: Die Parallele zur »Fröhlichkeit« ist auffällig. Ein Mann und eine Frau bei einem intimen Stelldichein im Park. Offensichtlich wollen sie sich bewusst vor anderen verbergen und haben sich dafür hinter eine dunkle Hecke zurückgezogen. Die wirft bedrohliche Schatten auf die leidenschaftliche Szene. Doch die wirkliche Gefahr findet sich in Form einer dritten Person wieder, die an den Beau auf der »Fröhlichkeit« erinnert, und hier alles andere als angenehme Stunden verbringt. Dunkel und schwarz wie die Hecken, steht er auf der bewussten Seite der Karte zwischen zwei Bäumen, die an ein Fenster erinnern. In der Tat fällt durch diese Öffnung die einzige Lichtquelle der Karte (siehe auch »Dieb«). Symbol dafür, dass das heimliche Treffen der beiden nicht mehr lange der Öffentlichkeit verborgen sein wird. Denn der Mann in Schwarz spioniert offensichtlich dem Paar hinterher. Dass so gewonnene Informationen »ans Licht« kommen, ist gewöhnlich nur eine Frage der Zeit.

Das Motiv des Mannes ist unklar. Ist es seine Frau, die dort schäkert oder ist er einfach neidisch auf einen erfolgreichen Nebenbuhler? Die helle Kleidung der beiden Liebenden (die Farbe des Kleides der Frau erinnert an die »Traurigkeit«) machen sie zu den Sympathieträgern der Szene, auch wenn sie vielleicht gar nicht im Recht sind. Eifersucht steht einfach niemandem gut. Sie ist nun einmal eine Sucht, die aus Besitzdenken entsteht und Betrug schafft: Aus Verlustangst wird Kontrollzwang, der wiederum Rebellion bewirkt. Die Auseinandersetzung mit Themen wie Selbstvertrauen, Unsicherheit und Konkurrenzdenken können dafür sorgen, dass es nicht so weit kommt.

Zitat

*»Eifersucht ist eine Leidenschaft,
die mit Eifer sucht, was Leiden schafft.«
(Friedrich Schleiermacher)*

Eifersucht   jealousy
jalousie   gelosia
ljubomora   féltékenység

Tipp

Eifersucht ist die Angst vor dem Vergleich. Also fühlen Sie sich geschmeichelt, wenn jemand auf Sie eifersüchtig ist. Sie leben dann wohl in den Augen anderer ein gutes Leben. Natürlich müssen und sollten Sie sich dennoch vor Anfeindungen schützen.

♥ Liebe

Die Liebe hat keine Garantie. Sie kann nicht festgehalten werden. Lassen Sie sich und Ihren Partner frei – vertrauen Sie. Dann währt die Liebe vielleicht ewig.

♣ Glück

Eifersucht und Glück schließen sich aus. Geben Sie dieser Sucht nicht nach.

✒ Erfolg

Wer Erfolg hat, wird sich über Mangel an Eifersucht nicht beklagen können. Denken Sie immer daran: Das Problem haben Ihre Neider.

Etwas Geld

Traditionelle Deutung

»Etwas Geld« ist kein Sechser im Lotto, aber es verspricht Besserung bei trüber Finanzlage durch kleinere und vielleicht auch unerwartete Beträge, die ins Haus kommen. Das Auskommen ist gesichert. Gleichzeitig ein Hinweis darauf, dass auch geringfügige, sinnvolle Investitionen langfristig reichlich Erfolge bringen.

Symbolische Bedeutung

Der geschlossene Raum, in dem wir uns befinden, erinnert in seiner feminin-eleganten Ausstattung an das »Geschenk«. Der Tisch hingegen setzt die Karte im Bezug zum »Verlust«. Anders als dort wurde hier aber wohl nicht gezockt. Es gibt keinen Verlierer, nur Gewinn(er). Die angehäuften Geldmittel weisen darauf hin, dass Bilanz über ein nicht unbeträchtliches Einkommen gezogen wird. Die Geldtasche spielt in diesem Zusammenhang auf die »Unverhoffte Freude« an – nicht alles, was hier auf dem Tisch liegt, muss durch eigenständige Arbeit erworben worden sein, auch eine gute Portion Glück kann dazu verholfen haben.

Überhaupt strahlt das ganze Bild durch die hellen Gold- und Grüntöne Hoffnung, Fröhlichkeit und einen gewissen Segen aus (die Karte »Geld« ist im Vergleich viel dunkler) – alles scheint möglich. Auch »Glück« und die freudige »Botschaft«, die Karten, mit denen »Etwas Geld« die Münzen gemein hat, stehen der positiven Bedeutung dieser Karte Pate.

Auffällig ist, dass auf dem Stuhl im Vordergrund keine Person zu sehen ist. Auch der mittig platzierte Spiegel an der Hinterwand wirkt blind. Sind wir etwa aufgefordert, es uns auf dem bequemen Sessel gemütlich zu machen und in den Spiegel unserer eignen Seele zu blicken? Der könnte uns über eigene Talente und Verdienste bewusst aufklären, damit die Energien des Geldaufbaus in Fluss kommen.

Zitat

»Begabung braucht's und Bienenfleiß,
dass Bargeld man der Welt entreiß.«
(Eugen Roth)

Tipp
Vergeuden Sie nicht Ihre Zeit mit der Hoffnung auf den großen Gewinn. Schaffen Sie sich den Überfluss lieber selbst.

♥ Liebe
Geld ist doch wirklich nicht alles. Denken Sie mal darüber nach, wie bereichernd allein eine Partnerschaft für Sie sein kann.

♣ Glück
Spekulieren Sie nicht auf das große Glück. Besinnen Sie sich lieber auf die greifbaren und erreichbaren Fakten Ihres Lebens.

✈ Erfolg
Ziehen Sie mal Bilanz. Brauchen Sie wirklich das große Geld, um sich erfolgreich zu fühlen? Auch regelmäßige kleine Erfolgserlebnisse können Basis Ihres Vorwärtskommens sein.

Falschheit

Traditionelle Deutung

Der tierische Kampf fordert zu besonderer Vorsicht auf. Irgendetwas im Leben läuft falsch. Oder es wird im Umfeld falsch gespielt. Vielleicht spielen auch wir nicht ganz lauter.

Symbolische Bedeutung

Zwei traditionelle Symbole weiblicher Falschheit, Schlange und Katze, kämpfen um die Vorherrschaft. Untreue als weibliches Charakteristikum, während »Treue« auf den wahren Freund des Menschen, den Hund, verweist. Einerseits rebellieren wir heute bezüglich dieser Diskriminierung, andererseits sind uns »Zickenkrieg« oder »Catfight« auch durchaus geläufig.

Von der Katze, die hier die Schlange an Größe und erhöhter Position dominiert, wird fälschlich behauptet, dass sie hinterhältig attackiert. Sie wird als eigenwillig und illoyal betrachtet. Dass das hier dargestellte Tier dann auch noch rot ist, macht diese Karte nicht nur zu einer (femininen) Spiegelung der Karte »Verdruss«, die ein männliches Kampfschema darstellt, sondern weist auch auf das Klischee von Katze und (rothaariger) Hexe hin, und somit auf Aberglauben und Angst vor den Mysterien der Weiblichkeit. Gleiches gilt für die »falsche« Schlange, die uns direkt zurück ins Paradies, hin zur ersten Frau Adams, Lilith, aber auch zu Eva und dem von ihr angeblich verschuldeten Sündenfall führt. Die phallische Schlangenform ihres Verführers Satan erweitert die Symbolik des Kampfes zwischen Katze und Schlange um den Aspekt des immerwährenden Geschlechterkampfes.

Katze und Schlange sind sich ebenbürtige Gegnerinnen, die im Übrigen seit Jahrtausenden einen mythologischen Kampf austragen: Im antiken Ägypten wurde die katzenköpfige Göttin Bastet als Gemahlin des Sonnengottes Re (oder Ra) verehrt. Man bezeichnet sie als Göttin der Liebe, der Zeugungskraft, der Stärke und des Guten. Im Zusammenhang mit der »Falschheit« ist dabei durchaus interessant, dass es ihre Aufgabe war, die Sonne (ihren Gatten) bei Nacht zu schützen und gegen deren Todfeindin, die Schlange der Finsternis, zu verteidigen. Damals wie heute bleibt der Ausgang des Kampfs durch die Ausgewogenheit der Kräfte ungewiss. Es gilt also ganz besonders, klug und gewitzt zu sein, wenn wir diese Karte ziehen.

Zitat

*»Katzen und Frauen gehören ins Haus, der Mann und der Hund hinaus.«
(Dänisches Sprichwort)*

Tipp

Wo läuft in Ihrem Leben gerade etwas falsch? Forschen Sie zuerst bei sich selbst und dann erst in Ihrem näheren Umfeld.

♥ Liebe

Sind Sie wirklich ehrlich zu Ihrem Partner oder spielen Sie falsch?

♣ Glück

Zu erkennen und zu akzeptieren, dass etwas im Leben gerade falsch läuft, und es dann zu verändern, ist ein großes Glück.

✒ Erfolg

In der Berufswelt wird schon gern mit fiesen Tricks gekämpft. Bleiben Sie ehrlich, auf lange Frist sichert das am ehesten anhaltenden Erfolg.

Feind

Traditionelle Deutung

Der Feind warnt vor Intrigen und falschen Menschen, die nichts Gutes im Sinn haben. Aufgabe ist nicht nur, sich still und bedeckt zu halten sowie wachsam zu bleiben, bis klar ist, aus welcher Richtung der Angriff kommt, sondern auch zu überlegen, welche Taktik für diesen »Feind« die Richtige ist. Der Feind ist meistens nicht zu unterschätzen.

Symbolische Bedeutung

In dunklem Anzug und Zylinder wird der Feind hier als unauffälliges Mitglied der Gesellschaft mit gehobenem Lebensstandard präsentiert. Seiner wirklichen Beschäftigung, dem Spionieren, geht er – wie der »Dieb« – im Versteckten nach. Wie letzterer hat er es auf intime Geheimnisse, das observierte Haus (vergleiche »Haus«, das hell und frei wirkt), abgesehen. Dass er aber nicht wie dieser verschattet, sondern klar erkennbar und sozial integriert ist, macht ihn besonders gefährlich. Er kann unbemerkt in der Öffentlichkeit agieren (hier ist ein Bezug zu den Karten »Falschheit« und »Unglück« zu erkennen, die alle in den Straßen der Stadt spielen) und so besonders viel Schaden anrichten. Stellt der »Dieb« gewisse Schattenseiten des Offiziers dar, so fällt hier eine Ähnlichkeit zwischen den Gesichtern des »Geliebten« und des »Feindes« ins Auge. Dies ist wohl Ausdruck eines gängigen Vorurteils der k. und k. Monarchie, dass »der Ungar« dem deutsch sprechenden Bewohner »Zisleithaniens« etwas wegnehmen will. Auf der symbolischen Ebene wird aber einmal mehr deutlich, dass Lichtgestalten wie der Geliebte oder Offizier stets weite Schatten werfen. Die Schattenseite des ungarischen Partisanenkämpfers kann somit ein Geheimagent sein.

Zwar kann der »Feind« eine tatsächliche Gefahr von Außen repräsentieren, doch wie der »Dieb« Misstrauen und Verlustangst darstellt, so spiegelt diese Karte negative Denkmuster, selbstauferlegte Zwänge oder Süchte, die uns uns selbst zum Feind werden lassen. Er ruft auf, aus Arglosigkeit und Naivität zu erwachen und sich selbst und der eigenen Umwelt wachsam und bewusst gegenüber zu treten.

Zitat

»Gegen Feinde schützt man sich am besten dadurch, dass man sie nicht als Menschen betrachtet, die uns schaden, sondern als solche, die uns nutzen können.«

(Emil Oesch)

Tipp

Wichtig ist, dass Sie sich nicht selbst ein Feind sind. Stärken Sie Ihre positiven Gedanken und umgeben Sie sich mit Dingen und Menschen, die Ihnen dabei helfen.

♥ Liebe

Nur wer sich selbst liebt, wird die Liebe anderer annehmen können.

♣ Glück

Geben Sie es auf, allen gefallen zu wollen, dann werden Sie in sich ruhen und glücklich sein.

✈ Erfolg

Halten Sie es mit Sidney Sheldon: »Um erfolgreich zu sein, braucht man Freunde. Um sehr erfolgreich zu sein, braucht man Feinde.«

Fröhlichkeit

Traditionelle Deutung

Das tanzende Paar genießt die Gunst der Stunde. Sorgen und Ängste treten für eine Zeit in den Hintergrund. Eine gute Gelegenheit, sich einfach zu entspannen, los zu lassen und einfach »zu sein«

Symbolische Bedeutung

Eine junge Dame tanzt im grünen Kleid der Hoffnung mit einem eleganten Beau. Sie bewegen sich in der Öffentlichkeit, im mit Lampions festlich geschmückten und erleuchteten Park. Es scheint Abend zu sein. Gesellschaftliche Einladungen und öffentliche Tänze waren in der Entstehungszeit des Decks eine der wenigen Gelegenheiten, bei denen sich junge Männer und Frauen – natürlich unter strenger Aufsicht – treffen und berühren konnten. Eine der wenigen Möglichkeiten, sich dem Flirt hinzugeben und einander zu beschnuppern.

In dieser Karte wird somit auf positive, erotische Treffen zwischen »Geliebter« und »Geliebtem« angespielt. Die Karte spiegelt Bewegung, Spaß, Sinnlichkeit und Vorfreude auf mehr. Hier wird ein Liebesreigen getanzt. Doch in der Abendstimmung heben sich dunkle Büsche hervor (siehe »Eifersucht«). Wo (künstliches) Licht ist, ist eben Schatten. Der fröhlichen Stimmung kann auch ein Kater folgen. Oder die Wehmut, wenn man sich wieder trennen oder verbindlich werden muss.

Zitat

»Der Tanz ist das Kind der Musik und der Liebe.«

(Sprichwort aus England)

Tipp

Dort, wo man singt – da lass Dich ruhig nieder! Feiern Sie die Feste, wie sie fallen – es kommen auch wieder schwere Zeiten.

♥ Liebe

Achten Sie darauf, auch in der Hektik des Alltags erotische Stunden mit dem Partner zu erleben.

♣ Glück

Wahres Glück ist wie ein Tanz – beschwingend und flexibel. Erlauben Sie sich Beweglichkeit.

✈ Erfolg

Es muss nicht immer bierernst zugehen beim Streben nach Erfolg. Entspannt kommen Sie derzeit schneller voran.

Gedanken

Traditionelle Deutung

Der junge verträumte Mann, der hier in sich gekehrt anzutreffen ist, fordert dazu auf, dem eigenen Denken mehr Aufmerksamkeit zu widmen, damit Kraft dieser Gedanken genau die Realität geschaffen wird, die auch wirklich gewünscht ist. Auch bei Problemen hilft sorgfältiges Nachdenken natürlich weiter.

Symbolische Bedeutung

In der Öffentlichkeit und doch zurückgezogen – so zeigt sich hier ein junger Mann in leicht melancholischer Denkerpose. Frisur und Schnitt des Gehrocks sowie das Papier in seinen Händen deuten darauf hin, dass hier ein Student, vielleicht sogar ein Künstler oder Philosoph, dargestellt wird. Somit symbolisiert diese Karte schöngeistige Bildung und wirkt in ihrer Introvertiertheit ein wenig wie der Gegenpol zum tatkräftigen »Geliebten«. Doch sollte die Macht der Gedanken nicht unterschätzt werden. Nur gut durchdachte Taten werden auf lange Frist auch erfolgreich sein. Somit fordert der junge Mann zum exakten Abwägen, Hinterfragen und Untersuchen auf. Dass diese wichtigen Tätigkeiten von einem Mann verkörpert werden, wundert wenig, wenn man bedenkt, dass das Deck zu einer Zeit entstand, als Frauen nur bedingt an Universitäten zugelassen wurden. Abgesehen davon haben wir es hier auch mit einer Allegorie, nämlich dem personifizierten Gedanken zu tun.

Dass hier öffentlich etwas nicht Bekanntes gedacht wird, spiegelt die Dialektik (siehe auch die verästelten Bäume auf der unbewussten Seite, die die verschiedenen Stimmen in einer denkenden Person symbolisieren können) der Karte wider. Sie weist darauf hin, dass wir zwar unsere Ziele, Zweifel und Probleme sorgfältig überdenken, sie aber auch irgendwann aussprechen müssen. Nur so kann Austausch mit dem Gegenüber stattfinden und aus Erdachtem Realität werden. Auch auf die Gefahr hin, dass Sie sich Auseinandersetzungen stellen müssen. Fürchten Sie sich also nicht vor notwendigen Konfrontationen, die dazu beitragen können, eigene Unsicherheiten zu erkennen und zu bewältigen oder inneren Zweifeln Ausdruck zu verleihen. Nur so ist gewährleistet, dass hohe Gedankenflüge stets auf dem Boden der Tatsachen landen und wir uns nicht in Illusionen und der eigenen Gedankenwelt verlieren.

Zitat

»Die Seele hat die Farbe deiner Gedanken.«

(Marc Aurel)

Tipp

Ihre Gedanken wollen sich endlich materialisieren. Tauschen Sie sich daher unbedingt mit anderen aus. Wägen Sie ab und schreiten Sie dann zur Tat.

♥ Liebe

Machen Sie mit Ihrem Partner mal eine kleine Bestandsaufnahme. Welche Träume verbinden Sie miteinander? Und welche Visionen müssen Sie allein verwirklichen?

♣ Glück

Genießen Sie die Freude, die eigenen Gedanken in die Tat umgesetzt zu sehen. Zweifeln Sie nicht länger an sich und werden Sie aktiv.

✦ Erfolg

Die Mischung aus visionären Gedanken und realistischer Umsetzung ist Grundlage der größten Erfolge der Menschheit. Welchen Traum haben Sie sich noch nicht erfüllt?

Geistlicher

Traditionelle Deutung

Eine positive, segensvolle Karte, die auch für den Klerus steht. Sie weist darauf hin, dass der Spiritualität mehr Raum im Leben gegeben werden soll, ohne Bodenhaftung zu verlieren. Geistige Gedanken sollten zugelassen werden.

Symbolische Bedeutung

Der katholische Geistliche, der hier im kostbaren Ornat das Hochamt in einer Kathedrale ausübt, konzentriert sich voll auf das kunstvoll gewirkte Ziborium, das er in seinen durch ein Tuch verdeckten Händen hält. Der weltliche Alltag hat bei der heiligen Transformation des Leibes Christi keinen Platz. Rückzug, Meditation und ernsthafte Seelenerforschung sind das Thema der Karte.

Der violette und goldene Hintergrund sowie die Platzierung des Geistlichen zwischen einer schwarzen (bewusste Seite) und weißen (unbewusste Seite) Säule erhöhen den Eindruck, dass hier ein tatsächlicher Hohepriester abgebildet ist, der unser Vertrauen verdient.

Gerade in der heutigen Zeit, in der die institutionalisierte Religion zunehmend an Einfluss verliert, steht der Geistliche aber nicht so sehr für eine Person als für unsere innere Stimme, die uns beständig daran erinnert, dass es im Leben noch mehr gibt als essen, schlafen und arbeiten. Somit steht die Karte auch für jeden nach Lebenssinn und Spiritualität strebenden Menschen. Uns selbst und unserem Streben nach persönlicher Erfüllung und Berufung im Leben zu vertrauen, ist daher die Aufgabe, wenn diese Karte gezogen wird.

Zitat

»Was wär' ein Gott, der nur von außen stieße
Im Kreis das All am Finger laufen ließe!
Ihm ziemt's, die Welt im Innern zu bewegen,
Natur ins ich, sich in Natur zu hegen,
So dass, was in ihm lebt und webt und ist,
Nie seine Kraft, nie seinen Geist vermisst.
Im Innern ist ein Universum auch;
Daher der Völker löblicher Gebrauch;
Dass jeglicher das Beste, was er kennt,
Er Gott, ja seinen Gott benennt,
Ihm Himmel und Erden übergibt,
Ihn fürchtet und womöglich liebt.«

(Johann Wolfgang von Goethe, Proœmion)

Geistlicher	ecclesiastic
pretre	sacerdote
svećenik	lelkész

Tipp

Geld und Karriere sind nicht alles. Schaffen Sie sich täglich Freiräume und -zeit, um bewusst in sich hinein zu spüren. So nehmen Sie Kontakt mit Ihrer inneren geistigen Stimme auf.

♥ Liebe

Teilen Sie nicht nur den Alltagsstress mit Ihrem Liebsten – geben Sie auch dem Neuen und Unbekannten im gemeinsamen Leben Raum.

♣ Glück

Setzen Sie um, wofür Ihr Herz wirklich schlägt. Da liegt das wahre Glück.

↗ Erfolg

Sie kommen derzeit mit Ihrer Kariere nicht weiter? »Je mehr ich weiß, was ich weiß, desto mehr weiß ich, dass ich nichts weiß.« ist die richtige Einstellung.

Geld

Traditionelle Deutung

Geld bedeutet materiellen Segen: Wohlstand, Eigentum, Gewinne – jetzt ist Erntezeit, und das reichlich. Fortunas Füllhorn schüttet Reichtum aus. Der fällt einem eher zu, als dass er auf eigenem Talent begründet ist. Daher ist das Geld auch oft »wie gewonnen so zerronnen«.

Symbolische Bedeutung

Goldmünzen, eine verzierte Schmuckschatulle, ein Bündel Scheine, ein Geldsack und ein Medaillon in Großaufnahme. Die Symbolik verbindet die Karte mit »Etwas Geld«, »Geschenk« und »Unverhoffte Freude« oder auch mit »Glück« und »Botschaft«. Doch wirkt sie im Kontrast zu diesen Karten durch die dunklen Brauntöne und den schweren Vorhang, der sich im Hintergrund über schwarze Dunkelheit senkt, ein wenig düster und klaustrophobisch. Vielleicht, um auf die Schattenseite des Reichtums – Geiz, Abhängigkeit und die Angst, das erworbene wieder zu verlieren (siehe die Dunkelheit beim »Dieb« und »Feind«) – hinzuweisen. Gleichzeitig vermittelt die Farbgebung jedoch auch Erde, Bodenständigkeit und Materialisierung. Somit ist dies auch eine Karte der Erntezeit. Dabei bleibt unklar, ob das Geld durch die eigenen Fähigkeiten erworben oder auf andere Weise erlangt wurde.

Dass es hier um Werte gehen könnte, die nicht aus eigener Hände und Geistes Arbeit erwachsen sind, zeigt auch die Tatsache, dass Geld eigentlich lediglich einen symbolischen Zahlungswert besitzt und nur als »totes« Tauschmittel dient. Geld vermehrt sich nicht von allein, sondern nur unter Einsatz der eigenen Talente. Bleiben Sie also nicht am Geld kleben – seien Sie großzügig und arbeiten Sie damit.

Zitat

»Wohlstand ist nur ein Werkzeug, das man benutzen,

kein Götze, den man anbeten sollte.«

(Calvin Coolidge)

Tipp
Das Geld liegt auf der Straße – man muss es nur sehen und aufheben.

♥ Liebe

Geld alleine macht sicher nicht glücklich, doch gönnen Sie sich und Ihrem Partner mal ein wenig Luxus. In der gelegentlichen Verschwendung liegt eine ganz eigene Form spannender Erotik.

♣ Glück

Schauen Sie doch nicht nur aufs Bare, sondern auch darauf, wo Ihr innerer Reichtum liegt.

↗ Erfolg

Nehmen Sie sich mal eine kleine Auszeit und genießen Sie Ihren materiellen Erfolg.

Geliebter

Traditionelle Deutung

Der feurige Husar, der hier durch den Park flaniert, steht für den männlichen Fragenden selbst (aber auch für die Maske, die er öffentlich aufsetzt oder die ihm sein Umfeld vorgibt) oder, wenn eine Dame fragt, für ihren Wunsch- oder tatsächlichen Herzenspartner (oder auch eine andere wichtige männliche Bezugsperson wie Vater, Freund, Arbeitskollege). Abstand, Verbindungsweg und Blickrichtung von ihm zur »Geliebten« geben Auskunft über den gegenwärtigen Stand der Beziehung der beiden.

Symbolische Bedeutung

Die Husaren galten in vielen Breitengraden zur Entstehungszeit des Decks als der Inbegriff feuriger Leidenschaft und schnittigen Kavaliergeistes. Nicht erstaunlich also, dass sie in den Zigeunerkarten zum selbstsicheren und geheimnisvollen (fremdländischen) Geliebten erhoben wurden. Dieser versierte Traumlover wird hier als attraktiv (mit dem prachtvollen und traditionellen Dolman) und geradlinig männlich (gerade gewachsener Baum im Hintergrund auf der bewussten Seite) dargestellt. Dabei liegt die Betonung auf Lover, nicht Ehemann! Denn zur Heirat taugten die oft armen und nicht für ihre Treue gerühmten Husaren den Damen der besseren Gesellschaft nicht, auch wenn diese sich gern von ihnen umwerben ließen, sich wohl auch oft nach ihnen verzehrten und, in aller gebotenen Diskretion und bei günstiger Gelegenheit, einer Liaison nicht abgeneigt waren. Diese unvollkommene, weil nicht perspektivenreiche Vereinigung wird im Zigeunerdeck durch das farblich geteilte Herz angedeutet, das auch auf der »Geliebten« zu finden ist und sich aus den zwei verschiedenen Herzfarben auf der »Liebe« zusammensetzt.

Der Husar repräsentiert den ewigen Geliebten, nicht den Mann fürs Leben: Den rosaroten (man beachte den rosafarbenen Hintergrund der Karte) und oft unrealistischen Zustand der Verliebtheit und des Flirts – nicht unbedingt eine dauerhafte Verbindung. Auffällig ist hierbei, dass es im Zigeunerdeck zwischen Werbungs- und Vermählungskarten (»Geliebte/r« bis hin zur »Heirat«) und Trauerkarten (»Witwe/r«) keine eigentlichen Ehekarten gibt. So stellt der Geliebte wohl auch die romantischen, meist unerreichbaren Sehnsüchte, die wir mit dem Thema Liebe und Leidenschaft verbinden, dar.

Zitat

»Wohlan! Die Zeit ist kommen!
Mein Pferd, das muss gesattelt sein!
Ich hab' mir's vorgenommen,
geritten muss es sein!

Geh' du nur hin!
Ich hab' mein Teil!
Ich lieb' dich nur aus Narretei!
Ohn' dich kann ich wohl leben, ja leben!
Ohn' dich kann ich wohl sein!

So setz' ich mich auf's Pferdchen,
und trink' ein Gläschen kühlen Wein,
und schwör's bei meinem Bärchen:
dir ewig treu zu sein!«

(Clemens Brentano und Achim von
Arnim, Des Knaben Wunderhorn)

Geliebter — lover
amant — amante
ljubavnik — szeretö

Tipp

Egal, welchem Geschlecht Sie angehören: Setzen Sie sich mit dem männlichen Prinzip und Ihrer persönlichen Einstellung dazu auseinander.

♥ Liebe

Setzen Sie eigentlich Ihre männlichen Anteile ein, um Ihren Liebsten oder Ihre Liebste aufzubauen oder um ihn zu kommandieren oder zu kontrollieren? Überlegen Sie, wie Sie aktiv dazu beitragen können, Ihren Partner in Liebe und mit Tatkraft zu unterstützen.

♣ Glück

Das Glück gehört den Mutigen und Entschlossenen. Bleiben Sie nicht passiv, sondern verändern Sie Ihr Leben da, wo Sie nicht mehr zufrieden damit sind – sei das im Beruf, in der Partnerschaft oder in anderen wichtigen Themenbereichen. Packen Sie es jetzt an!

✦ Erfolg

Mit Selbständigkeit, Kompetenz, Tatkraft und Durchsetzungsvermögen kommen Sie ans Ziel – lassen Sie also nicht andere Tatkräftige an Ihnen vorbeiziehen.

Geliebte

Traditionelle Deutung

Die junge Dame auf dem Steinsitz steht für die Fragende selbst (aber auch für die Maske, die sie öffentlich aufsetzt oder die ihr das Umfeld diktiert) oder die tatsächliche oder ersehnte Partnerin des Fragenden, für seine Herzensdame (oder auch eine andere wichtige weibliche Bezugspersonen. Der Abstand zwischen »Geliebter« und »Geliebte« entscheiden über den gegenwärtigen Stand ihrer Beziehung zueinander.

Symbolische Bedeutung

Die hier dargestellte junge, elegante Dame entstammt wohl der gehobenen Gesellschaftsschicht und repräsentiert somit die perfekte Zielgruppe für die Zigeunerkarten wie auch für den galanten Husaren. »Küss mich wach!« scheint ihr ebenso schüchterner wie auffordernd koketter Blick zu fordern. Und in der Tat erinnert sie an das träumende Dornröschen, das in einem unbeaufsichtigten Moment vom »Geliebten« fantasiert oder ihm im Park zu begegnen hofft. Somit repräsentiert sie auch das ewig Weibliche, das es in uns allen immer wieder aufs Neue zu erwecken gilt. Dass das luftige Kleid der Dame gerade rosa ist (eine Farbe, die traditionell Genussfähigkeit, Romantik, Eleganz, Zuneigung, Gewaltüberwindung, Hingabe, Selbstlosigkeit, Sanftheit, Zurückhaltung und Feminität ebenso wie Schutzbedürfnis, Gehemmtheit, Realitätsverlust, Sentimentalität oder Verliebtheit repräsentiert), verstärkt den Eindruck, dass die Geliebte das exakte Gegenstück zum Geliebten bildet, das nachgiebige Yang zu seinem fordernden Yin.

Auch bei der Geliebten ist zu beachten, dass der Zustand der Verliebtheit nicht ewig anhalten kann. Die Dame hat die Wahl, auf immer mit dem Husaren zu flirten oder eine Bindung mit einem anderen »Manns-Bild« einzugehen: mit einem, der ihr zwar Sicherheit und Treue, aber nicht heiße Leidenschaft und süßes Herzklopfen bieten wird. Doch vielleicht gelingt es ihr auch, beide Ziele zu verbinden. »Sehnsucht« ist auch hier ein wichtiges Stichwort.

Zitat

»Du glaubst, du bist der Schönste
wohl auf der ganzen weiten Welt,
und auch der Angenehmste!
Ist aber weit, weit gefehlt!

In meines Vaters Garten
wächst eine Blume drin:
so lang' will ich noch warten,
bis die noch größer ist.

Und geh' du nur hin!
Ich hab' mein Teil!
Ich lieb' dich nur aus Narretei!
Ohn' dich kann ich wohl leben,
ohn' dich kann ich wohl sein!«

(Clemens Brentano und Achim von
Arnim, Des Knaben Wunderhorn)

Tipp

Egal, welchem Geschlecht Sie angehören: Setzen Sie sich mit dem weiblichen Prinzip und Ihrer persönlichen Einstellung dazu liebevoll auseinander. Einfühlsames, intuitives Vorgehen ist die richtige Aktion.

♥ Liebe

Mit Einfühlungsvermögen und Geduld kommen Sie jetzt am besten in Ihren persönlichen Beziehungen weiter.

♣ Glück

Das Glück einfach anzunehmen, sich ihm hinzugeben und es zu genießen, kann durchaus eine schwere Aufgabe sein. Beobachten Sie, in welchem Lebensbereich Sie es derzeit besonders spüren können, und halten Sie einmal inne. In der Ruhe liegt die Kraft.

✈ Erfolg

Erfolg stellt sich derzeit ganz von alleine ein, wenn Sie sich die Waffen einer Frau aneignen.

Geschenk

Traditionelle Deutung

Allerlei mögliche Geschenke – materieller oder emotionaler Natur – kommen ins Haus. Und das ohne eigenes Zutun. Die Karte weist außerdem darauf hin, dass auch auf den ersten Blick negative Ereignisse oder Gefühle sich auf lange Frist als wahrer Segen erweisen können.

Symbolische Bedeutung

Rosen in einer Vase (Liebesbekundung), ein verzierter Fächer (Koketterie und Weiblichkeit), ein kunstvoll gedrechselter Kerzenleuchter (Intimität), eine überquellende Schmuckschatulle (Reichtum), ein zierliches Tagebuch (Herzensgeheimnisse). Elegant arrangiert auf einem weißen Tisch, in schmeichelndes Licht getaucht und von einem jederzeit verschließbaren Vorhang eingerahmt – hier öffnet sich uns ein feminines Boudoir. In diesem kleinen, aber feinen Rückzugsort bewahrte zur Entstehungszeit des Decks eine Dame von Welt ihre intimen geistigen und materiellen Schätze auf. Der Raum diente auch als besonders günstiger Ort für ein diskretes Stelldichein. Eine geschützte Privatsphäre, in der wir unseren Gefühlen freien Lauf lassen können – was für ein großartiges Geschenk!

Das Boudoir steht auch für unsere Talente, unsere Sinnlichkeit und unser Hingabe- und Genusspotential. Die goldenen und violetten Töne deuten an, dass dieser intime Bereich außerdem die Sphäre unseres persönlichen Glaubens und unserer Sinnsuche umschließt. Gleichzeitig ist es der Hort der Vielfalt und Fülle, den wir natürlich in unseren Börsen, aber öfter in unseren Herzen und Köpfen tragen. Ob wir diese Fülle mit anderen teilen, sie freiwillig verschenken oder sie ganz für uns behalten, steht uns frei. Ein Geschenk wird als die »Übertragung eines Sach-, Gedanken- oder Rechteeigentums ohne die Forderung von Gegenleistungen« definiert. Wir können eben nicht nur materielle Werte geben, sondern auch anderen Menschen zum Beispiel unsere Zeit, unser Wissen, unser Herz oder unser Vertrauen schenken.

Ob wir nun austeilen oder empfangen – wir sollten uns immer wieder aufs Neue bewusst machen, dass ein wahres Geschenk nie mit irgendeiner wie immer gearteten Verpflichtung verbunden ist. Dass Geben und Nehmen auf lange Sicht außerdem ein ausgeglichener energetischer Austausch sein sollte, ist ein weiterer Hinweis, den diese Karte enthält.

Zitat

»Schenke mit Geist ohne List,
Sei eingedenk,
dass Dein Geschenk Du selber bist.«
(Joachim Ringelnatz)

Tipp
Gehen Sie mit offenen Augen durch die Welt und schenken Sie Aufmerksamkeit und Freude, wo Sie können. Frei nach dem Motto: Kleine Geschenke erhalten die Freundschaft.

♥ Liebe
Öffnen Sie Ihrem Partner Ihr Herz und vertrauen Sie auf die Liebe.

♣ Glück
Betrachten Sie das Leben als ein großes Geschenk, das es in vollen Zügen jeden Tag aufs Neue zu genießen gilt.

✦ Erfolg
Stellen Sie fest, mit welchen Talenten das Universum Sie beschenkt hat und nutzen Sie diese für ihr weltliches Fortkommen.

Glück

Traditionelle Deutung

Fortuna segnet diese durchweg positive Karte. Sie verspricht Glück und Erfolg bei allen derzeitigen Vorhaben. Den Glücklichen gehört die Welt.

Symbolische Bedeutung

Das personifizierte Glück, Göttin Fortuna, streut aus dem Füllhorn – dem mythologischen Symbol für Fruchtbarkeit, Wohlstand und Überfluss – Rosen (Liebe) und Münzen (Reichtum) über der Weltkugel aus.

Das Füllhorn wird zumeist der herbstlichen Ernte zugewiesen. Dies bedeutet, dass das Glück uns nicht von ungefähr hold ist. Um Freude und Fülle im Leben zu erfahren, müssen wir schon selbst auch die Samen dafür in die Erde setzen. So ist denn auch Fortuna hier mit beiden Beinen fest auf der Weltkugel dargestellt. Gleichzeitig krönt ihr Haar ein Sternendiadem – Zeichen der Hoffnung und Zuversicht wie auch der grüne Hintergrund, der ihren Kopf umgibt. Nicht nur das Füllhorn, auch das Kleid der Göttin strahlt golden.

Zum einem ist dies ein Verweis darauf, dass Glück heilend und spirituell erhebend sein kann. Mit dieser Farbe wird außerdem auf die Verbindung von Glück und »Traurigkeit« verwiesen – keiner dieser beiden Gefühlszustände kann ohne den anderen erkannt und erfahren werden. Es sind Freude und Trauer, die uns im Leben vorantreiben und wachsen lassen.

Zitat

»Du sollst nie aufhören zu lernen,

arbeite mit der Fantasie,

Wenn du dein Glück gerecht behandelst,

dann verlässt es dich nie…«

(André Heller)

Tipp

Das Glück ist nicht käuflich. Aber wenn man es verdient, dann kommt es ganz von alleine.

♥ Liebe

Fokussiere deine Liebesfähigkeit nicht nur auf eine einzige Person. Liebe wird nicht weniger, sondern mehr, wenn wir sie mit anderen teilen.

♣ Glück

Sie fühlen sich rundum glücklich? Gratuliere, dann haben Sie es sich wohl verdient – denn das Glück kommt nie umsonst daher.

✈ Erfolg

Bei allem Erfolg, den Sie vielleicht genießen, sollten Sie nicht vergessen, dass nicht alle Menschen glücklich sind. Spenden Sie Trost, Liebe und Verständnis, wo Sie können.

Haus

Traditionelle Deutung

Das Haus repräsentiert das Innenleben, die Intimsphäre oder die Seele der fragenden Person. Es ist der Rückzugsort und das Fundament des Lebens.

Symbolische Bedeutung

Ein vornehmes Landhaus, idyllisch an einem Fluss gelegen. Das Heim, die Basis, ist fest in der fließenden Gefühlswelt verankert. Auch wenn es ein wenig wie eine Festung wirkt: Mit dem zum Wasser liegenden Balkon und seinen vielen Fenstern scheint das Haus auch Gästen geöffnet. Der Park, Symbol der Öffentlichkeit, ist nicht weit entfernt, selbst wenn es hier sonnig, ruhig und intim ist. Ein weißer Schwan komplettiert das Idyll. Zeichen dafür, dass das Heim durch Schönheit und Anmut geprägt ist. Hier haben »Feind«, »Dieb« und »Falschheit« keinen Raum.

Ein Haus kann erst einmal ganz sachlich und materiell betrachtet werden: als Wertobjekt und Immobilie, aus der Kapital geschlagen werden kann.

Aber es ist auch gängiges Symbol für unser Heim, dort, wo wir uns zu Hause fühlen oder wo wir unsere Wurzeln haben. Es ist das Reich der Mutter und der Ahnen. Schutz und Geborgenheit, aber auch Abhängigkeit, schwingen hier mit.

In unserem Haus gelten oft andere Regeln als in der Welt »da draußen« – hier können wir uns zurückziehen und von den Anstrengungen des Alltags erholen. Somit repräsentiert das Haus, wie bereits in der traditionellen Bedeutung genannt, auch unsere Seele und unsere spirituelle Heimat. Gleichzeitig ist das Haus aber auch ein Symbol des Körpers, der unsere Seele beherbergt. »Dein Körper ist dein Tempel« heißt es – eine kleine Aufforderung, den eigenen Körper so gepflegt zu halten wie das hier abgebildete Gebäude.

Zitat

»*Ein Haus, in dem man alle Räume kennt, ist nicht wert, bewohnt zu werden.*«

(Giuseppe Tomasi di Lampedusa)

Tipp

Zuhause ist es natürlich am schönsten, aber bleiben Sie dennoch flexibel. Passen Sie auf, nicht zu träge und unbeweglich zu werden.

♥ Liebe

Ein schönes Heim ist die Basis einer langen Liebe. Richten Sie es unbedingt gemeinsam ein.

♣ Glück

Unsere Wurzeln zu kennen, zu akzeptieren und darauf aufzubauen, ist der Grundstein für das größte Glück.

⤴ Erfolg

Auch erfolgreiche Menschen brauchen Ruhepausen. Schützen Sie Ihre Intimsphäre vor der Öffentlichkeit.

Heirat

Traditionelle Deutung

Das Eheversprechen steht für eine Hochzeit. Gleichzeitig kann es aber auch auf eine verbindliche Beziehung anderer Art – freundschaftlich, beruflich, finanziell oder politisch – hinweisen: Die Heirat macht diese Verbindung auch dem Umfeld sichtbar.

Symbolische Bedeutung

Die hier dargestellte kirchliche Hochzeit zwischen einem jungen Paar ist von großer Feierlichkeit geprägt. Das Ja-Wort scheint bereits gesprochen, denn der Schleier der Braut ist zurückgeschlagen und der Geistliche, dem auf der Karte »Geistlicher« sehr ähnlich, segnet wohl gerade das mutige Vorhaben einer Verbindung »bis der Tod uns scheidet«. Ob die Szene das öffentliche Bekenntnis von den »Geliebten« oder aber die Formalisierung der Zufallsbekanntschaft auf der »Fröhlichkeit« beschreibt, ist nicht klar. Auffällig ist jedoch auch hier, dass die Zigeunerkarten zwar den Zustand der Verliebtheit (»Geliebter« und »Geliebte«) und den der Trauer (»Witwer« und »Witwe«) kennen, Eheleute und somit auch der Alltag einer Beziehung aber nicht aufgeführt werden. Stattdessen beschränkt sich das Deck auf den Moment der Trauung, die die Formalisierung einer Beziehung symbolisiert. Gleichzeitig stellt dieser Vertrag aber auch das Ende der romantischen Zeit des Werbens dar. Mit dem »Ja, ich will« beginnt der Ernst des Lebens, die Übernahme von Verantwortung und die Unterordnung unter gesellschaftliche Normen sowie Konventionen. Eine Trauung ist daher auch ein »sich trauen« – ein Wagnis und eine Überwindung, die nicht eines gewissen Risikos entbehrt und daher auch fehlschlagen kann.

Die beste Garantie für lang anhalte Harmonie auch nach dem Eheversprechen – sei dies im privaten oder beruflichen Lebensbereich – sind Ehrlichkeit und Kompromissbereitschaft. Wer als Basis einer wie auch immer gearteten Beziehung falsche Romantik oder den egoistischen Wunsch nach Sicherheit wählt, wird auf Dauer nicht glücklich werden. Und was einmal den öffentlichen Segen erhalten hat, ist nicht ohne weiteres schnell wieder aufzulösen.

Zitat

»Die Ehe ist eine Brücke, die man täglich neu bauen muss, am besten von beiden Seiten.«

(Ulrich Beer)

Heirat — marriage
mariage — nozze
svadba — házasság

Tipp

Betrachten Sie jede partnerschaftliche Verbindung wie einen Vertrag. Versprechen Sie nie mehr als Sie wirklich halten können und bleiben Sie Ihren persönlichen Träumen und Zielen treu.

♥ Liebe

Binden Sie sich nur an einen Partner, wenn Sie sich bei ihm geborgen fühlen, ohne Abhängigkeit zu spüren. Offenheit und Ehrlichkeit schmieden Sie fester zusammen als ein Ehering.

♣ Glück

Die eigenen Bedürfnisse ernst nehmen, sich selbst nicht aufgeben und dennoch in der Gemeinschaft akzeptiert werden: Das ist ebenso herausfordernd wie Glück verheißend.

✈ Erfolg

Umgeben Sie sich und arbeiten Sie mit Menschen, denen Sie trauen können. Gemeinsam mit den richtigen Partnern ist Ihnen sicher Erfolg beschieden.

Hoffnung

Traditionelle Deutung

Nur nicht den Mut verlieren – in einer unangenehmen Situation kann diese Karte auf eine Wendung zum Guten hinweisen. Dafür muss man allerdings Durchhaltevermögen beweisen und sich nicht in unerfüllbaren Tagträumen verlieren. Gleichzeitig warnt sie jedoch davor, bloß nicht den Sinn für die Realität zu verlieren und sich im Hier und Jetzt zu verankern.

Symbolische Bedeutung

Auch die hier abgebildete Frau ist, wie der »Gedanke«, wohl eher als Allegorie denn als tatsächliche Person zu verstehen, die hier das Prinzip »Hoffnung« in Form der griechisch-römischen Spes personifiziert. Dies drückt sich schon allein in ihrer nicht alltäglichen Toga aus, deren zartes Blaulila auf Abwarten und Hoffen anspielt. Neben dieser Symbolik deuten auch die anderen Motive auf der Karte auf einen möglichen christlichen Hintergrund, der die »Hoffnung« im weiteren Sinne zu einer sehr spirituellen Karte macht.

Ein Schiff zieht mit gesetzten Segeln aufs Meer. Ob es nun aufgebrochen ist, um Handel zu treiben, zu erobern, zu forschen oder einfach Abenteuer zu erleben – es ist ein Symbol für ausgesandte Gedanken oder Wünsche, deren Erfolg derzeit nicht absehbar ist. Schließlich kann ein Schiff auf dem unbeständigen Meere (oft als Bild für die Gefühlswelt gesehen) kentern, auch wenn derzeit ein frischer und anregender Wind zu wehen scheint. Es ist also gut, dass Spes selbst hier vom sicheren Ufer her den Aufbruch mit Rosen segnet. Dabei stützt sie sich auf den Anker, Zeichen dafür, dass es sich hier um Wünsche und Sehnsüchte handelt, die weder uferlos noch unrealistisch, sondern in der Realität verankert sind. Somit fordert diese Karte dazu auf, zwar stets auf dem Boden der Tatsachen zu bleiben, aber dennoch der eigenen Vision zu vertrauen und treu zu bleiben, auch wenn es dafür manchmal etwas zu riskieren gilt.

Zitat

»Man darf das Schiff nicht an einen einzigen Anker

und das Leben nicht an eine einzige Hoffnung binden.«

(Epiktet)

Tipp

Die Hoffnung ist der größte Stimulus des Lebens. Geben Sie sich ihr immer wieder aufs Neue hin, aber lassen Sie dabei Ihr Ziel nie aus den Augen.

♥ Liebe

Vertrauen Sie in die Grenzenlosigkeit der Liebe, aber grenzen Sie Ihre Liebesmöglichkeiten nicht durch vorgefasste Vorstellungen ein.

♣ Glück

Hören Sie auf die Weisheiten des großen Samuel Johnson: »Die Hoffnung ist bereits ein Teil des Glücks und vielleicht das wichtigste Glück, das diese Welt gewährt. Aber, wie bei allen übermäßig genossenen Freuden: ein Zuviel an Hoffnung wird mit Schmerz bestraft. Und übertriebene Hoffnungen müssen in Enttäuschung enden.«

✈ Erfolg

Setzen Sie sich hohe Ziele, damit Sie etwas zu erstreben, zu ringen und zu hoffen haben.

Kind

Traditionelle Deutung

Das Kind steht für optimistischen Neubeginn und spannende Zukunftspläne. Auch Schwangerschaft und Nachwuchs könnten hier ein Thema sein. Auf jeden Fall steht Wachstum ins Haus. Die Karte warnt aber auch vor Naivität und Gutgläubigkeit.

Symbolische Bedeutung

Ein Kind in einer mit Rosen (Symbol für Fruchtbarkeit und Sinnlichkeit in einem jeden von uns) kunstvoll verzierten Holzwiege – allein, aber ruhig vor sich hin dösend, Schnuller im Mund. Der helle Tag, der durch das Fenster dringt, und der Raum einnehmende grüne Teppich, auf dem die Wiege steht, schaffen eine zuversichtliche Stimmung. Auf dem Fenstersims wächst eine kleine Pflanze heran: eine Vorahnung auf den öffentlichen Park, dem das Kind sich als Erwachsener »stellen« wird. Doch derzeit befindet es sich noch im sicheren Wohnzimmer, das als heimelige Stube auch für die Seele (siehe auch »Geschenk«, »Etwas Geld«, »Haus«) steht.

Auffällig ist der schwarze Vorhang, der die Wand direkt hinter der Wiege bedeckt und als Hinweis auf die Vergänglichkeit des Lebens gewertet werden kann. Natürlich kann dieser dunkle Streifen auch auf das Unbewusste anspielen, auf unausgereifte Pläne und Projekte, die noch nicht erwachsen in uns schlummern.

Auf einer persönlichen Ebene träumt hier im Wohnzimmer, in unserer Seele, das »innere Kind«. Ziehen wir das Kind, sind wir also aufgefordert, in uns hinein zu fühlen und nachzuforschen, an welche Themen in unserem Leben wir mit frischem Blick herangehen und wo wir mehr Freude und Spontanität entwickeln sollten.

Ob nun im Innen oder im Außen – auf jeden Fall steht das Kind für optimistischen Neuanfang – oder dem Wunsch danach.

Zitat

*»Nur wer erwachsen wird und Kind
bleibt, ist ein Mensch!«
(Erich Kästner)*

Tipp

Öffnen Sie sich neuen Projekten und Möglichkeiten. Seien Sie dabei optimistisch und offen für Neues, ohne naiv zu sein.

♥ Liebe

Schaffen Sie für sich und Ihren Partner Raum für ein intimes Wohnzimmer des Herzens, in dem Sie gemeinsam – nur für sich – Ihre inneren Kinder entdecken können.

♣ Glück

In der Kindheit wird die Saat für das Lebensglück gesät. Erinnern Sie sich an Ihre Jugendträume und erfüllen Sie sie sich.

⚑ Erfolg

Nur durch Fruchtbarkeit und Mut zum steten Neuanfang stellt sich auf Dauer Erfolg ein. Welches Ihrer ungeborenen Potenziale muss für Ihr langfristiges Weiterkommen das Licht der Welt erblicken?

Krankheit

Traditionelle Deutung

Das Krankenlager weist auf nervliche Belastungen oder gesundheitliche Probleme hin. Etwas liegt im Argen. Auch Glaubens- und Sinnkrisen können durch die Krankheit ausgedrückt werden.

Symbolische Bedeutung

Die Gesichtszüge der uns vielleicht aus Schlaflosigkeit erschöpft anschauenden Kranken erinnern an die der »Geliebten« oder der »Witwe« und verbinden die »Krankheit« so mit Liebeskummer und Abschied. Auch weist die Karte Parallelen zur »Traurigkeit«, als deren Verlängerung sie betrachtet werden kann, wie auch zur »Sehnsucht« auf. Das dort weit geöffnete Fenster ist hier durch schwere Jalousien verschanzt. Obwohl die grünen Vorhänge wie starke Säulen Hoffnung symbolisieren (vergleiche auch »Sehnsucht« und »Traurigkeit«), wird so eine hermetische und unheilschwangere Atmosphäre vermittelt. Das reinliche Weiß des ordentlich gemachten Betts und der Kleidung sowie die Medikamente auf dem Nachttisch vermitteln jedoch behütete Pflege, Hilfe von außen und Heilung durch Ruhe. Somit ist dies auch eine Karte der Therapie.

Vielleicht hat die Frau ja auch selbst auf Abschottung von der Außenwelt gedrängt, um mit sich ins Reine zu kommen. Das Bild des Parks über ihrem Kopf weist im Übrigen darauf hin, dass ihre Gedanken um die Öffentlichkeit kreisen. Die starke Betonung des Kopfes deutet außerdem an, dass es hier trübe Dinge und Themen (unter dem Bett und in der unbewussten Ecke der Karte ist alles schwarz) mental zu verarbeiten gilt. Ein Symbol der ausgelaugten Seele – schließlich wird hier eine Kranke, kein Kranker dargestellt – die des Rückzugs bedarf, um wieder das Leben in vollen Zügen genießen zu können. Auch in dieser Karte hilft die Einsicht, etwas, das uns nicht gut tut, endlich loszulassen.

Zitat

»Die chronischen Krankheiten der Seele entstehen wie die des Leibes, sehr selten nur durch einmalige grobe Vergehen gegen die Vernunft von Leib und Seele, sondern gewöhnlich durch zahllose unbemerkte kleine Nachlässigkeiten.«

(Friedrich Nietzsche, Morgenröte)

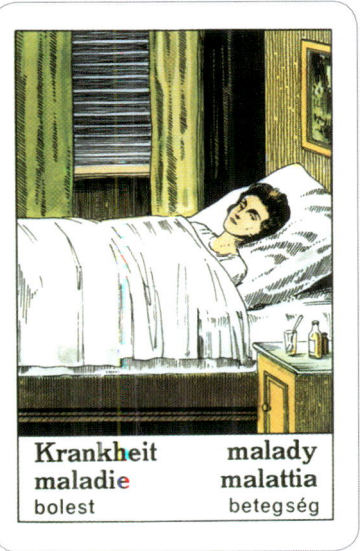

Krankheit — malady
maladie — malattia
bolest — betegség

Tipp

Manchmal müssen wir krank werden, um den Wert unserer Gesundheit wirklich zu erkennen. Nehmen Sie sich selbst ernst, wenn Sie sich nicht besonders fühlen, ruhen Sie sich mal ordentlich aus und gehen Sie dann zurück ins Leben.

♥ Liebe

Liebeskummer? Wann haben Sie sich das letzte Mal auf Ihre größte Liebe, die Liebe zu sich selbst, besonnen?

♣ Glück

Wir brauchen besonders die traurigen und einsamen Momente, um uns der Glück bringenden Dinge in unserem Leben bewusst zu werden.

✦ Erfolg

Nur wer fähig ist, sich selbst Schwäche einzugestehen, kann immer wieder Kraft aus sich selbst schöpfen und den eigenen Erfolg sichern.

Liebe

Traditionelle Deutung

Amor schenkt uns Liebe und verspricht zärtliche und gefühlsintensive Stunden. Ein Hinweis auf Liebesbekundungen aus dem näheren Umfeld und die Aufforderung, selbst Liebe zu verschenken.

Symbolische Bedeutung

Schelm Amor – klassisch mit Flügeln, Köcher und Bogen – regiert die Welt, die als dunkle Kugel (vergleiche »Glück« und »Botschaft«) hinter ihm sichtbar ist. Von ihm und seinen Pfeilen wird niemand verschont. Nicht einmal seine Mutter Venus selbst, die Liebesgöttin, oder sein Vater Mars, Gott des Kriegs. Dass der so unschuldig wirkende Liebesbote Kind dieses ebenso leidenschaftlichen wie polaren Paars ist, erklärt, warum die Liebe das Leben so kompliziert machen kann. Was durch Pfeile ins Herz geschossen wird, muss nicht nur ewiges Glück versprechen.

Doch wer möchte deswegen die Liebe missen? Oder den Zustand der Verliebtheit? Sicher nicht »Geliebte« und »Geliebter«, deren aus zwei Hälften bestehende Herzen hier noch vollständig abgebildet sind. Der Hintergrund der Karte ist in spirituellem Violett, der Farbe mit der höchsten energetischen Schwingung, und mit weltlichen Rosen dekoriert. Somit hat die Liebe hier nicht nur eine erotische Komponente, sondern ermutigt uns auch, unsere Visionen und Träume durch Liebe beflügeln zu lassen. Doch sollten wir stets darauf achten, die Liebe lediglich als Triebfeder für unser Denken und Tun zu nutzen und uns nicht von ihr wie von dem kleinen Amor auf der Nase tanzen zu lassen

Zitat

»Amor ist ein mächtiger Fürst

Und hat mich so gebeugt, dass ich bekenne,

Es gibt kein Weh, das seiner Strafe glich',

Doch gibt's nicht größ're Lust, als ihm zu dienen.«

(Shakespeare, Die beiden Veroneser)

Tipp

Liebe heißt nicht nur eine funktionierende Beziehung führen. Liebe ist eine Lebenseinstellung – Liebe zu sich selbst, Liebe zum eigenen Umfeld.

♥ Liebe

Schenken Sie nicht jedem Ihr Herz, lassen Sie sich nicht nur vom Gefühl, sondern auch vom Verstande leiten.

♣ Glück

Wer sich selbst akzeptieren kann, wird nicht nur in der Liebe glücklich sein.

✈ Erfolg

Verfolgen Sie Ihre Ziele in Liebe und mit Leidenschaft – dann wird der Erfolg nicht lange ausbleiben.

Offizier

Traditionelle Deutung

Der Offizier steht für den uniformierten Menschen oder für bürokratische Umstände, die unterstützen und das Leben positiv beeinflussen können. Wichtig für die willkommene Hilfe ist korrektes Verhalten in behördlichen und offiziellen Angelegenheiten.

Symbolische Bedeutung

Ein Offizier ist ein Soldat der höchsten militärischen Hierarchiestufe mit Führungsverantwortung und Befehlsgewalt und somit auch eine Person der Öffentlichkeit. Die Offiziere selbst werden wiederum in Dienstgradgruppen unterteilt. Der hier dargestellte Würdenträger wird durch seine Uniform (blaue Jacke, schwarze Hose und goldener Gurt mit Säbel) als Major der Sanitätstruppe der k. und k. Monarchie ausgewiesen. Monokel und weiße Glacé-Handschuhe zeichnen ihn als Mann von Welt, als gebildeten Staatsmann, aus. Sein souveränes öffentliches Auftreten unterscheidet ihn vom Husaren, der eher für verdeckte (Partisanen ähnliche) Kampfhandlungen eingesetzt wurde. Vergleichen wir die Bäume, die auf beiden Karten dargestellt werden, sehen wir auch hier eine Anspielung auf die »stammstarke« Autonomie des Husaren gegenüber den diplomatischen Verästelungen des Offiziers (siehe auch den Baum auf der Karte »Gedanken«). Auch sonst hat dieser nichts mit dem personifizierten »Geliebten« gemein. Ein Offizierspatent war in der Regel käuflich und für gemeine Soldaten somit fast unerreichbar. Lange war es sowieso dem Adel vorbehalten. Als die Zigeunerkarten entstanden, gab es jedoch bereits Offiziersschulen, die den militärischen Elitenachwuchs förderten. Somit steht der Offizier auch für Bildung.

Dass der Militär mit Treue und ehrenhaftem Handeln verbunden ist, ergibt sich aus seiner Funktion als Wertepräsentant der Monarchie. Schließlich musste er dem Kaiser einen umfassenden Treueeid schwören, dessen Nichteinhaltung er mit dem Leben bezahlte. Ziehen wir den Offizier, so ist unser »innerer Soldat« gefragt, ob wir uns in einer Sache wirklich ehrenvoll verhalten. Wir sind dazu aufgefordert, die eigenen Werte ebenso wie die unseres Umfelds zu überprüfen. Und zu entscheiden, wann wir bereit sind, für eine Sache zur Waffe zu greifen und offen zu kämpfen oder lieber mit diplomatischem Geschick vorzugehen.

Zitat

»Und wenn sie alle weichen,
wenn menschenleer das Feld,
wenn von den deutschen Eichen
der letzte Stamm zerschellt,
wenn todeswund in Scherbe
das letzte Schwert zersprang,
ich glaube nicht an Sterben
und nicht an Untergang.
Ob sich die Gegner wiegen
In trunk`ner Siegesgier,
sie mögen heute siegen,
doch morgen siegen wir!«

(Bogislav von Selchow,
Um Trotz um Treue)

Tipp

Achten Sie darauf, wer Ihre wirklichen Freunde sind. Seien Sie nicht nur diesen gegenüber ehrlich und aufrichtig – Ihnen kann nichts passieren.

♥ Liebe

Loyalität und Solidarität bringen Sie derzeit weiter als tausend Zärtlichkeiten.

♣ Glück

Bleiben Sie sich selbst treu und das Glück ist mit Ihnen.

✒ Erfolg

Erfolg ist nicht nur durch Konkurrenzkampf und Intrigen möglich. Letztendlich ist der beste Weg die Ehrlichkeit.

Reise

Traditionelle Deutung

Eine Zeit der Abwechslung und (positiver) Bewegung steht ins Haus. Veränderungen innerhalb des Heims, des Freundeskreises oder Horizonterweiterungen sind jetzt Thema. Die Karte kann auch auf einen Besuch oder Umzug und – selbstverständlich – auch auf eine tatsächliche Reise hinweisen.

Symbolische Bedeutung

Eine Kutsche auf Reisen, gezogen von einem weißen und einem schwarzen Pferd. Der Wagen wird von ihnen von der bewussten zur unbewussten Seite gezogen. Der Kutscher treibt die Tiere mit der Peitsche an, obwohl die Kutsche in schneller Fahrt schon reichlich Staub aufwirbelt. Der Blick des Fahrers scheint auf uns gerichtet. Die in der Kutsche befindliche Frau wird wohl der gehobenen Gesellschaft entstammen, denn Reisen mit oder gar die Haltung einer eigenen Kutsche waren teuer. Vielleicht will die Dame jemandem einen Besuch abstatten oder kehrt davon zurück (vergleiche »Besuch«). In jedem Fall ist sie aber eindeutig in Bewegung. Zwar hat sie das Ziel bestimmt, doch hat sie die Zügel aus der Hand gegeben. Sie reist bei Tag und klarem Himmel, vorbei an einer Stadt mit einer prominenten Kirche (vergleiche »Unverhoffte Freude«) und einem vereinzelten Baum (vergleiche die Bäume im Park).

Die Karte fordert dazu auf, sich nicht nur Ziele zu setzen, sondern diese auch zu verwirklichen. Auch auf die Gefahr hin, unbekanntes Terrain zu betreten und nicht alles kontrollieren zu können. Die Reise kann äußerlich und innerlich erlebt werden. Die herausragenden Kirchtürme und der Zug der Pferde zur unbewussten Seite hin lassen sogar darauf schließen, dass hier durch die Seelenlandschaft gereist wird. Doch kann hier natürlich auch eine intellektuelle oder körperliche Reise beschrieben werden.

Wie dem auch sei, Reisen sind auch immer Symbol der Transformation. Somit stellt diese Karte auch eher eine Zeit dar, in der Erfahrungen und Informationen gesammelt werden. Vergangenes wird verarbeitet und abgeschlossen, Neues wird angegangen. Wichtig ist hier der Schritt nach vorn – der Sprung ins Ungewisse.

Zitat

»Von der Straße her ein Posthorn klingt.

Was hat es, dass es so hoch aufspringt,

Mein Herz?«

(Wilhelm Müller, Winterreise)

Tipp

Setzen Sie sich neue Lebensziele. Wo soll die Reise als nächstes hingehen?

♥ Liebe

»Wagen« Sie etwas – zum Beispiel den Sprung nach vorn – die Zeichen stehen gut für einen Neubeginn.

♣ Glück

Ziehen Sie sich nicht zurück, sondern gehen Sie nach draußen. Reisen – ob auf der geistigen oder körperlichen Ebene – erfrischt die Seele und verhilft Ihnen zu neuen Impulsen.

↗ Erfolg

Flexibilität und Kommunikationsbereitschaft verhelfen Ihnen zum Erfolg.

Richter

Traditionelle Deutung

Der Vertrauen oder Vorsicht einflößende, juristisch gebildete Mann steht für die Judikative, einen Richter, Anwalt oder gerechten Menschen. So ist denn auch Gerechtigkeit bezüglich eines Anliegens zu erwarten. Recht wird geschehen, es ist also eine weise Entscheidung, sich selbst gerecht zu verhalten.

Symbolische Bedeutung

Ein Richter symbolisiert die Instanz des Gerichts und sollte objektiv Recht sprechen. Mit offenem, direktem Blick steht er aufrecht und würdevoll an seinem Richttisch, wahrscheinlich, um ein Urteil zu verkünden. Bei seinem Spruch bezieht er sich, wie das aufgeschlagene Buch vor ihm zeigt, auf die Gesetze der Gesellschaft. Aber wichtiger, er untersteht auch der übergeordneten Gerechtigkeit, wie die kleine Statue der römischen Göttin Justitia zeigt. Mit verbundenen Augen hält sie die Waage und das Richtschwert: Denn das wahre Recht wird ohne Ansehen der Person, nach sorgfältiger Abwägung der Sachlage gesprochen und mit angemessener Härte durchgesetzt. »Für mich ist kein Oben und kein Unten sichtbar!« scheint sie zu sagen.

Somit verspricht der Richter, dass uns Gerechtigkeit widerfährt. Was jedoch nicht heißen muss, dass wir auch genau das Recht bekommen, das wir als gerecht erhoffen. Vielmehr kann auch genau das Gegenteil der Fall sein, wenn wir uns in der zu erörternden Situation nicht korrekt verhalten haben. Somit ist der Richter die große Chance, die eigene Lebenshaltung zu korrigieren, wenn diese nicht den ethischen Gesetzen des Universums angepasst ist.

Natürlich kann der Richter auch auf unserer Seite stehen, nämlich dann, wenn wir richtig gehandelt haben. Selbst wenn alles und jeder gegen uns spricht. Denn eins ist sicher – ziehen wir den Richter, werden wir bewertet und sind selbst aufgefordert zu bewerten.

Zitat

»Man soll ja die Gerechtigkeit höher achten als das größte Glück auf der Erde. Gesundheit, Fröhlichkeit, die Liebe anderer, Überfluss, ja selbst das Leben hängt nicht immer von uns ab. Gerechtigkeit ist das Einzige, was uns gehört, was wir in unserer Gewalt haben, was uns kein Zufall, keine Macht, ja selbst der Tod mit dem Leben nicht rauben kann.«

(Jean de La Fontaine)

Tipp

Justitia ist auf beiden Augen »blind«, unparteiisch – sie wird Recht geschehen lassen. Gehen Sie in sich und erforschen Sie Ihr Gewissen. Sind an der Situation wirklich nur andere Schuld oder haben Sie nicht doch auch etwas dazu beigetragen?

♥ Liebe

Zeit für eine Bestandsaufnahme. Sprechen Sie sich mit Ihrem Partner mal so richtig aus. Entschuldigen Sie sich für begangene Fehler und akzeptieren Sie die Entschuldigung Ihres Liebsten. Machen Sie Tabula rasa – und dann schauen Sie gemeinsam nach vorn.

♣ Glück

Stärke, Mut und Aufrichtigkeit zu zeigen, ist nicht immer der einfachste Weg. Aber wer ihn beschreitet, wird letztendlich ein glückliches Leben führen.

✈ Erfolg

Um Erfolg zu haben, sollten Sie nicht nur auf die Moral der Gesellschaft setzen. Passen Sie sich nicht den Paragraphenreitern an.

Sehnsucht

Traditionelle Deutung

Eine Karte der Erwartung und des Abwartens. Rückzug und Reflexion führen zur Bewusstwerdung von Wünschen. Und zur Erkenntnis, dass diese Wünsche derzeit nicht vollständig erfüllbar sind.

Symbolische Bedeutung

Die junge Dame hat uns den Rücken zugewendet. Sie befindet sich vielleicht im gutbürgerlichen Wohnzimmer und personifiziert Aufbruchsstimmung und die Möglichkeit von Neubeginn. Schließlich scheint sie sich in die Ferne, die Freiheit, den Park zu sehen. Die Landschaft wirkt goldig und zwielichtig. Vielleicht ist die Dame in Erwartung eines Ereignisses ans Fenster getreten. Jedenfalls vermittelt ihre Haltung ein gewisses Gefühl von Passivität. Die Wünsche, Hoffnungen und Projekte, die hier schlummern, müssen scheinbar noch reifen. Derzeit gilt es, die eigenen Gefühle und die bestehenden Themen innerlich zu beobachten, das eigene Potential auszuloten und sich Klarheit über die tatsächliche Realisierung zu verschaffen. Die dominierenden Farben – Violett, Gold und Altrosa – verweisen auf die Karten »Geistlicher«, »Hoffnung« und »Traurigkeit«. So kann das große, fast wie eine Tür wirkende Fenster auch als Symbol für den Blick auf die eigene Seelenlandschaft, für die Suche nach inneren Reisen, persönlichem Glauben und Entdeckung der Spiritualität stehen. Weiteres Symbol für dieses Thema: Die Frau hält sich mit der linken, unbewussten Hand am violetten Vorhang fest.

Auch ein leichter Hauch von Melancholie, unabdingbarer Bestandteil der leider nie ganz greifbaren Sehnsucht, umschwebt die elegante Dame, angedeutet durch das schwarze Band, das sich um ihre schlanke Taille windet. Dies Band, ebenso wie der dunkle Boden weisen außerdem darauf hin, dass unsere Sehnsüchte oft mit Dingen, Zuständen und Menschen zu tun haben, die uns Geborgenheit vermittelten und die wir verloren haben.

Doch stärker fällt das Altrosa des Kleides ins Auge. Es steht für Optimismus, Leichtigkeit und echte Herzensqualitäten. Die Karte repräsentiert daher auch notwendige Stadien des Übergangs, wenn wir mit Plänen schwanger gehen. Doch die Sehnsucht warnt auch davor, das Leben und die Zukunft nur durch die rosa Brille zu sehen und sich in Tagträume und unrealistische Fantasien zu verlieren.

Zitat

»Sehnsucht heißt ein alten Lied der Taiga.
Das schon damals meine Mutter sang.
Sehnsucht sind die vielen heißen Tränen
Und die Hoffnung, die im Herzen schwingt
Sehnsucht liegt noch immer in den Tönen
Abends, wenn das alte Lied erklingt.«

(Alexandra, Sehnsucht)

Tipp

Wir alle brauchen Träume und Visionen, doch Sie sollten darauf achten, dass Ihr Sehnen nie zur Sucht wird.

♥ Liebe

Ihr Partner erfüllt Ihre Sehnsüchte nicht? Hören Sie auf, im Stillen vor sich hin zu leiden und reden Sie mit ihm. Vielleicht geht es ihm ja ebenso.

♣ Glück

Achten Sie nicht immer nur auf die Dinge, die Sie in Ihrem Leben irritieren, sondern schenken Sie den positiven Bereichen mehr Aufmerksamkeit.

✒ Erfolg

Erfolg entsteht dann, wenn Sehnsüchte nicht länger erträumt, sondern auch aktiv umgesetzt werden.

Tod

Traditionelle Deutung

Der Tod weist auf eine einschlägige, vielleicht schicksalsbedingte Veränderung im Leben hin sowie auf die Notwendigkeit, von alten Mustern und fruchtlos gewordenen Lebensumständen Abschied zu nehmen. Eine Karte des Trauerns mit Versprechen auf bessere Zeiten.

Symbolische Bedeutung

Eine klassische Allegorie: Ein Skelett, das Stundenglas in der linken Hand. Sein Blick geht nach rechts – das Unterbewusste fixiert das Bewusste. Die rechte, bewusste Hand ist im zerlumpten grauen Mantel verfangen und kann nicht agieren – gegen den Prozess des Sterbens sind wir machtlos.

Der Tod herrscht über eine verdorrte, winterliche oder sumpfige Nachtlandschaft, die wohl auf den Park anspielt, nun aber gerodet und entlaubt daliegt. Die Zeiten des Frohsinns und der öffentlichen Begegnungen sind offensichtlich vorbei.

Das ist aber kein Weltuntergang. Schließlich ist die Sanduhr noch lange nicht abgelaufen. Und es kann nicht oft genug betont werden: Der Tod in den Karten repräsentiert nicht automatisch ein körperliches Dahinscheiden, auch wenn er durchaus darauf hinweisen kann, dass wir uns mit dem Thema Tod und der eigenen Sterblichkeit auseinander setzen sollten, um ihm die Macht zu nehmen. Doch wesentlich öfter symbolisiert diese Karte einen tiefgreifenden Umwandlungsprozess, der logischerweise mit Abschied und Loslassen verbunden ist. Diese Transformation kann viele Bereiche unseres Lebens betreffen: Abgestorbene Gewohnheiten, Gedanken- und Gefühlsmuster, Tätigkeiten, Menschen und Orte, die wir – ob lieb gewonnen oder als hinderlich empfunden – hinter uns lassen müssen, damit wir uns weiter entwickeln können. Vertrauen darauf, dass der Tod nur in unser Leben tritt, wenn eine Veränderung für uns notwendig ist, kann in den oft als radikal empfundenen Zeiten des Todes weiterhelfen. Sich auf den unvermeidlichen Prozess einlassen, sich zu trauen, durch eine Phase der Trauer zu gehen, ist der erste Schritt in Richtung spannender Neuanfang.

Zitat

»Nicht den Tod sollte man fürchten, sondern, dass man nie beginnen wird, zu leben.«

(Marc Aurel)

Tipp
Ein Abschied muss nicht immer schmerzlich sein – er kann auch sehr befreien. Wenn er das Ende einer unhaltbaren Situation ankündigt, ist er sogar ein Grund zur Freude.

♥ Liebe
Nichts ist lebloser als gestorbene Liebe. Lassen Sie lieber los, was keinen Bestand mehr hat.

♣ Glück
Was wir tief im Herzen tragen, kann uns der Tod nicht nehmen.

✦ Erfolg
Machen Sie sich Ihre eigene Sterblichkeit bewusst – Sie spornt zu Höchstleistungen im Hier und Jetzt an.

Traurigkeit

Traditionelle Deutung

Die melancholische Frau auf der Parkbank symbolisiert Enttäuschung und traurige Zeiten. Kummer, Zweifel oder Verlustängste müssen verarbeitet werden, bevor es mit Optimismus weiter gehen kann.

Symbolische Bedeutung

In ihrer Haltung erinnert die junge Dame, die hier auf einer Steinterrasse im Park zu sehen ist, deutlich an den Jüngling auf der Karte »Gedanken«. Beide verbindet das Thema Nachdenklichkeit. Während der junge Mann über Dokumenten grübelt, hängt die bedrückt wirkende Dame wohl eher Liebeskummer nach, denn in ihrer rechten Hand hält sie eine Rose. Die zwei Säulen, zwischen denen sie sitzt, erinnern an die auf der Karte des »Geistlichen«. Wie der gemusterte Boden weisen sie auf die Polarität des Denkens und der Gefühle hin. Jedem Argument, das wir entwickeln, wird sich automatisch ein Gegengedanke oder Gefühl entgegenstellen. Dabei wirkt die personifizierte Traurigkeit mit ihrem einen Ast im Hintergrund gegen die zahlreichen Verästelungen des Baumes auf den »Gedanken« wie die passive, introvertierte Seite des Denkens.

Die Traurigkeit ist auch eine Karte der Heilung. Schließlich ist sie vom Gold des Kleides dominiert. Eine Farbe, die traditionell für spirituelle Erleuchtung, Herrschaft und Göttlichkeit steht. Auf einer prosaischen Ebene steht sie einfach für das Beste in uns. Wie wir Zugang dazu finden? Dadurch, auch unangenehme Gefühle zuzulassen und allmählich zu verarbeiten. Indem wir über die Begrenzung der hier dargestellten Mauer in Zeiten des Trübsinns auch wieder hinaus in die Ferne und zu neuen Zielen schweifen.

Zitat

*»Nur nicht aus Liebe weinen,
es gibt auf Erden nicht nur den Einen.
Es gibt so viele auf dieser Welt,
ich liebe jeden, der mir gefällt.«*

(Zarah Leander)

Tipp

Vielleicht gilt es gerade Schmerzhaftes aus der Vergangenheit zu betrachten, damit Sie zu neuen Ufern aufbrechen können. Was genau schmerzt Sie? Und wo möchten Sie jetzt hin?

♥ Liebe

Wie heißt es so schön: In guten wie in schlechten Zeiten! Wir können nicht immer nur auf rosa Wolken schweben. Aber was genau bedrückt Sie denn? Denken Sie nach und dann – sprechen Sie darüber.

♣ Glück

Nur wer sich selbst kennt und Momente der Trauer im Leben zulassen kann, wird wahres Glück erfahren. Nutzen Sie die Phasen der Veränderung und hören Sie in sich hinein.

⚜ Erfolg

»Die Tränen lassen nichts gelingen; wer schaffen will, muss fröhlich sein.« schrieb Theodor Fontane. Also nutzen Sie traurige Zeiten zur Bestandsaufnahme und brechen Sie dann mit Optimismus und Vorfreude auf zu neuen Abenteuern.

Treue

Traditionelle Deutung

Der Hund steht für feste Grundsätze, Glaubensstärke und Zuverlässigkeit. Dabei kann die Karte eine Person, aber auch einen Zustand bezeichnen, der uns »treu« bleibt – ob dies nun als positiv oder negativ erachtet wird. Auch der Hinweis auf einen sicheren Arbeitsplatz oder gesicherte Existenz.

Symbolische Bedeutung

Der Hund gilt traditionell als Symbol für die Jagd, für Schutz und Heilung. Bekannter ist er dem Volksmund jedoch als bester Freund des Menschen und Inbegriff der Treue über den Tod hinaus. So ist hier das rotbraune Tier (siehe auch die Katze auf »Falschheit« oder Haare des Lehrlings auf »Verdruss«) – natürlich ein als sanftmütig und besonders zuverlässig geltender Bernhardiner – auch Wache haltend an einem Grab dargestellt. Steinsockel und kunstvoll verziertes Eisenkreuz – weitere Symbole der Beständigkeit – ergänzen das Bild der Treue. Gleichzeitig spielt die Darstellung des Hundes am Grab auch auf seine mythologische Funktion als Cerberus, Wächter an der Schwelle zur Unterwelt, an. Wieder befinden wir uns im Park oder auf dem Friedhof, im Reich von »Witwer« und »Witwe«. Dies gibt einen Hinweis darauf, dass Beständigkeit auch ein Nichtloslassen bedeuten kann – selbst von etwas oder jemanden, was schon lange tot und begraben ist. Vielleicht aus Furcht vor einer unbekannten Zukunft? Das ist jedenfalls vorstellbar, berücksichtigen wir das graue Zwielicht, das die Karte bestimmt. Das Grün der Wiese und der zahlreichen Efeublätter spricht von Hoffnung und Vertrauen auf bessere Zeiten.

Die hier personifizierte Loyalität und Verlässlichkeit ist übrigens nicht immer wünschenswert. Zum einem tut sich die Frage auf, ob der Zustand, die Idee oder die Person(en), denen die Treue gehalten wird, dies auch wirklich wert sind. Zum anderem kann auch etwas sehr anhänglich bleiben, was man lieber gern los werden möchte – etwa eine Krankheit oder ein lästiger Liebhaber, negative Einstellungen sich selbst oder Vorurteile anderen gegenüber.

Zitat

»Weine nicht, wenn der Regen fällt,
es gibt einen, der zu dir hält.

Marmor, Stein und Eisen bricht, aber unsere Liebe nicht.

Alles, alles geht vorbei, doch wir sind uns treu.«

(Drafi Deutscher)

Tipp

Ziehen Sie einfach mal Bilanz. Wer oder was hat in Ihrem Leben wirklich Bestand? Sind Sie zufrieden mit dem Ergebnis, toll! Falls nein, ändern Sie etwas.

♥ Liebe

Loyalität und gegenseitiges Vertrauen sind die Basis einer jeden guten Beziehung. Wie viel »Auslauf« lassen Sie und Ihr Partner sich?

♣ Glück

»Ein Freund, ein guter Freund, das ist das Schönste, was es gibt auf der Welt.« (Heymann-Gilbert)

➹ Erfolg

Gemeinsam sind wir stark. Nur wer auch teamfähig ist, wird befriedigende Erfolge feiern können.

Unglück

Traditionelle Deutung

Das brennende Haus kündet größere Unannehmlichkeiten an. Diese können sich im privaten Bereich ebenso wie im nahen oder weiten Umfeld ereignen. Die Karte ruft dazu auf, Ruhe zu bewahren.

Symbolische Bedeutung

»Unglück« wird hier durch ein brennendes Haus, von dichtem Qualm umgeben, dargestellt. Es scheint Nacht zu sein, denn das Kind, das gerade geborgen wird, trägt eine Schlafmütze und macht einen schläfrigen Eindruck. Feuerwehrmänner stürmen das Haus, bemüht den Brand zu löschen. *Retten, Löschen, Bergen, Schützen* – diese Hauptaufgaben der Feuerwehr stehen symbolisch für die Hoffnung, dass der Kampf gegen das Unvorhersehbare noch nicht verloren ist, auch wenn die Flammen bereits sehr hoch schlagen.

Unglück heißt erst einmal, »kein Glück« haben. Diese Bedeutung rückt die Karte in den Bereich des Schicksalshaften und des Ausgeliefertseins. Doch sollten wir uns unbedingt vergegenwärtigen, dass Brände – anders als viele unvorhersehbare Naturkatastrophen – meist fahrlässig oder sogar durch gezielte Brandstiftung entstehen. Es ist also lohnend, bevor wir uns in die Unausweichlichkeitsthematik von unvorhersehbaren Ereignissen flüchten, darüber nachzudenken, was wir vielleicht dazu beigetragen haben – bewusst oder unbewusst – dass das Unglück über uns hereinbrechen konnte. So thematisiert die Karte schnell die Eigenverantwortung und das Pflichtbewusstsein unserem Umfeld und der Umwelt gegenüber.

Zur Entstehungszeit der Zigeunerkarten hatte ein Hausbrand weitreichende Konsequenzen, die ganze Viertel, ja sogar Städte ins Elend stürzen konnten. Und auch heute zerstören zum Beispiel unbedacht oder bewusst gelegte Waldbrände zahlreiche Existenzen überall auf der Welt. Sollte ein Unglück dennoch nicht vermeidbar sein, sollten wir uns ein Bespiel an den tapferen Feuerwehrleuten nehmen und uns den lodernden Flammen mutig entgegenstellen. Vielleicht ist mehr zu retten, als auf den ersten Blick anzunehmen ist.

Zitat

»Bedenke, dass die menschlichen Verhältnisse insgesamt unbeständig sind, dann wirst du im Glück nicht zu fröhlich und im Unglück nicht zu traurig sein.«
(Sokrates)

Tipp

Begegnen Sie den verschiedenen Herausforderungen des Lebens stets so gut vorbereitet wie möglich. So können Sie sich einige unangenehme Überraschungen ersparen.

♥ Liebe

Ersticken Sie einen etwaigen Flächenbrand im Keim. Sprechen Sie die Dinge aus, die Sie in Ihrer Partnerschaft stören, anstatt Schönwetter vorzugaukeln.

♣ Glück

»Glück macht Freunde, Unglück prüft sie,« heißt es im Volksmund. Vergessen Sie also auch nicht in trüben Zeiten, dass das Leben viele schöne Seiten hat.

✈ Erfolg

Fehlschläge und Pechsträhnen mutig zu überwinden und nicht aufzugeben ist ein wichtiger Schlüssel für den Erfolg.

Unverhoffte Freude

Traditionelle Deutung

Unverhoffte Freude durch überraschende Ereignisse oder Geschenke wird durch diese Karte in Aussicht gestellt. Ein sehr positives Omen, das dazu auffordert, mit offenen Augen durchs Leben zu gehen, damit keine Chance übersehen wird.

Symbolische Bedeutung

Der junge Mann, dessen bürgerlicher Zylinder nicht so ganz zu seiner sonstigen Kleidung passt und ihn ein wenig zum Joker oder Narren des Zigeunerspiels macht, hat gerade das große Los gezogen. Sein Aufzug macht deutlich: Glück und Zufall sind an keinen Rang und Status gebunden. Auf diese Tatsache weisen auch Schloss und Dorf im Hintergrund hin, zwischen denen sich unser Glückspilz gerade auf Reisen befindet. Geld und Schatztruhe (siehe »Geld«), auf die er dabei gestoßen ist, können für vieles stehen, was sich auf einmal in unserem Leben materialisiert: z.B. eine gelungene Überraschung, ein Karrieresprung oder eine spontane Liebesbekundung. Allen gemein ist, dass nichts erwartet wurde. Unser *Hans im Glück* – Held des bekannten Märchens aus der Sammlung der Brüder Grimm, die in keinem gutbürgerlichem Haushalt zur Entstehungszeit der Zigeunerkarten fehlen durfte – ist einfach unterwegs, auf Abenteuer oder Reisen. Offensichtlich ist er aber flexibel, sensibel und aufmerksam genug, um immer mit Überraschungen zu rechnen und günstige Gelegenheiten beim Schopf zu packen. Nun braucht er seine Beute, die stattliche Summe von 1000 Dukaten, nur noch in die bis dato leere Tasche (siehe »Etwas Geld«) zu stopfen.

Nehmen wir uns alle an ihm ein Beispiel, auch wenn sein Gewinn vielleicht Verlust für jemand anderen bedeutet. Oder liegt das Geld doch einfach nur auf der Straße?

Zitat

»Das ist das Herrliche an jeder Freude, dass sie unverhofft kommt und niemals käuflich ist.«

(Hermann Hesse)

Tipp

Gehen Sie unvoreingenommen und mit offenen Augen durchs Leben. Sie werden sich wundern, wie oft Sie unerwartet Freudiges erleben werden.

♥ Liebe

Betrachten Sie Ihre Partnerschaft jeden Tag erneut als unverhofftes Geschenk und vergessen Sie nicht, Ihren Liebsten auch mal zu überraschen.

♣ Glück

»Glück ist Talent für das Schicksal«, sagte Novalis. Achten Sie also darauf, dass Sie keine Chance ungenutzt lassen, die Ihnen das Leben bietet.

➚ Erfolg

Harte Arbeit ist nicht der einzige Schlüssel zum Erfolg. Auch Wagemut und besonders die Kunst, zur richtigen Zeit an der richtigen Stelle zu sein, bringen Sie im Leben weiter.

Verdruss

Traditionelle Deutung

Streit und Zank stehen ins Haus. Dabei kann es auch durchaus ungerecht zugehen. Wenn jetzt nicht Gespräche und Kompromisse geschaffen werden, kann dies auch zu Ereignissen wie Disharmonien oder endgültigen Trennungen führen.

Symbolische Bedeutung

Eine Situation ganz aus dem Leben gegriffen: schlechte Stimmung am Arbeitsplatz (obwohl die Karte von der Raumeinrichtung her auch eine Wohnstube darstellen könnte.) Dies ist ein Hinweis darauf, dass auch auf der Arbeit Persönliches stets thematisiert wird. Empört sich der beschürzte Handwerker gerade über Verfehlungen seines Angestellten? Oder lässt er seine Aggressionen unbegründet an einem hierarchisch und körperlich Unterlegenen aus? Die rote Haarfarbe des Lehrlings (siehe auch »Falschheit«), mit der gern Rebellen ebenso wie Dorftrottel charakterisiert werden, deutet darauf hin, dass er ein Außenseiter ist, auf dem leicht rumzuhacken ist und der seinen Frust, anders als der Mann, von dem er abhängig ist, unterdrücken muss. Die Geste des Arbeitgebers Richtung offene, düstere Tür sagt: »Geh doch in die dunkle Zukunft.« und genau das konnte sich ein Lehrling, der die Ausbildung auch noch teuer bezahlen musste, wirklich nicht leisten.

Wie dem auch sei – wenn etwas schief geht, sollte man die Schuld nicht gleich bei anderen, schwächeren Menschen suchen. Die Karte stellt uns somit die Aufgabe, nicht zu projizieren, sondern sich auch eigene Fehler einzugestehen. Diese Aufgabe bedeutet im wahrsten Sinne des Wortes, sich selbst zu meistern.

Zitat

»Nichts schafft größeren Nutzen als ein freimütiges Wort. Doch allzu großer Freimut bringt Verdruss mit.«

(Gajus Julius Phädrus)

Tipp

»Streit klärt die Fronten, der Stil die Persönlichkeit« heißt es. Streiten Sie also nicht nur, um mal Luft abzulassen, sondern versuchen Sie, auch konstruktive Lösungen zu erarbeiten.

♥ Liebe

Respektieren Sie Ihren Partner stets, auch wenn das manchmal schwer fällt. Und lassen Sie sich im Streit nicht zu Dingen hinreißen, die sie später bereuen werden.

♣ Glück

Arbeiten Sie daran, Ihre innere Mitte zu finden und Sie werden immer weniger Grund zum Ärgern finden.

✈ Erfolg

Wahrer Erfolg stellt sich durch Selbstreflexion ein, nicht durch Wut auf andere.

Verlust

Traditionelle Deutung

Die zwei Spieler stehen für Unachtsamkeit und nachlässiges Handeln, was zu Problemen führen kann. Die Karte fordert zu besonnenem Vorgehen auf und warnt vor Betrug und Falschheit.

Symbolische Bedeutung

Die hier dargestellte Szene, in der sich zwei gutbürgerliche Herren am Spieltisch die Zeit vertreiben – oder ihre Zeit verspielen –, setzt gleich mehrere Suchtthemen um: Alkohol, Tabak, Glücksspiel. Gerade letzteres begegnet uns in den einschlägigen Romanen des 19. Jahrhunderts häufig als direkter Weg in den Ruin. Auch beim »Verlust« wird es wohl bald einen Verlierer geben. Der Herr in Weiß legt gerade sehr selbstsicher ein Ass auf den Tisch, dem sein schwarz gekleideter Gegenspieler wohl nichts entgegen zu setzen hat: Die Mäntel der beiden hängen schon auf der Seite des Mannes in Weiß, während die Seite des Verlierers in spe von Grün, der Farbe der Hoffnung, bestimmt ist.

Nicht nur in den Farben der Anzüge spielt die Karte sehr deutlich mit Polaritäten: Zwei Gläser, zwei aufgedeckte Karten, ein heller und ein dunkler Mantel an der Garderobe, ein blonder und ein schwarzhaariger Spieler, fünf Karten in der jeweils entgegengesetzten Hand gehalten, wobei der Gewinner mit der bewussten Hand ausspielt. Allerdings bewegen sich beide Protagonisten, anders als auf der Karte »Verdruss«, auf gleicher Ebene. Spannend der Gedanke, dass hier ein wenig mit der Figur des Doppelgängers gespielt wird: Wir alle tragen Erfolg und Verlust gleichermaßen in uns. Je bewusster wir handeln, umso weniger werden wir verlieren.

Besonders ironisch, dass bei einem Kartenspiel, das für die bürgerliche Damenwelt zum Orakeln geschaffen wurde, sich gerade die Karte »Verlust« in gewisser Weise um das Kartenlegen dreht. Vielleicht ist der Tisch daher in rosa, der Karte der Herzen, schattiert?

Zitat

»Das Leben ist ein Spiel. Man macht keine größeren Gewinne, ohne Verluste zu riskieren.«

(Christine von Schweden)

Tipp

Wir alle machen Fehler und sind auch mal Verlierer. Aus diesen Erfahrungen zu lernen, ist die wahre Kunst. Dann kann Verlust auch in Gewinn gewandelt werden.

♥ Liebe

Passen Sie auf, dass Sie Ihre Liebe nicht verspielen. Bleiben Sie auch im Alltag immer achtsam dem Partner gegenüber.

♣ Glück

Auch Sorgen können uns verlustig gehen, wenn wir uns an dem freuen, was wir haben.

Erfolg

Verlust ist die Kehrseite des Erfolgs. Seien Sie also stets besonnen und umsichtig, dann wird der Verlust sich in Grenzen halten.

Witwe

Traditionelle Deutung

Die schwarz gekleidete Dame symbolisiert eine reifere, einsame, alleinerziehende, geschiedene oder verwitwete Frau. Dies kann auch eine Mutter / Tante / Schwiegermutter oder eine Dame sein, die schmerzliche Lebenserfahrungen gemacht hat.

Symbolische Bedeutung

Für das weltliche Leben einer Frau hatte zur Entstehungszeit der »Zigeunerkarten« der Tod des Ehepartners eine ungleich größere Bedeutung als für das der Männer. Letztere hatten reichlich Ablenkung, wenn sie wollten. Doch für die Frauen verschwand mit dem Tode des Mannes der Ernährer. Nur die wenigsten Frauen konnten als »lustige Witwen« neue Freiheiten genießen. Hatte der Mann nicht gut für ihre finanzielle Unabhängigkeit im Falle seines Ablebens vorgesorgt, blieb ihr nur die Möglichkeit, ihr eigenes Heim – dessen Unterhaltung oft ihr wichtigster Lebensinhalt war – zu verlassen. Entweder, um bei unterstützenden Verwandten unterzukommen oder um wieder zu heiraten. Abhängigkeit und Demütigung waren nicht selten das Resultat. Kein Trost, dass die Zahl der Witwen deutlich höher war als die der Witwer.

So wundert es wenig, dass die Witwe, deren Trauergewand an das einer Nonne erinnert, im Kontrast zum Witwer nicht im Moment des Abschiedsnehmens dargestellt ist. Sie scheint vielmehr ziellos durch den Friedhof zu streifen. Der Fokus ihrer Trauer – ein Grabstein, an dem sie verharrt – fehlt und somit auch die Möglichkeit wirklicher Verarbeitung. Der goldene Hintergrund, der auf die Karten »Geistlicher« und »Traurigkeit« verweist, zeigt auch, dass es sich hier um spirituelle Themen handelt.

Auch wenn heute, jedenfalls in unseren Breitengraden, der Tod des Ehemanns keine Frau mehr ins soziale Elend stoßen muss, fällt es ihnen oft ungleich viel schwerer, von einer toten Liebe loszulassen und das Ende einer Beziehung anzuerkennen. Sie machen ihr Glück sehr stark von einem Partner an ihrer Seite abhängig. Dass wir in den Zügen der Witwe und der steinigen Umgebung einen traurigen Abglanz der rosigen »Geliebten« erkennen (ein Vergleich, der zwischen dem männlichen Paar »Geliebter« und »Witwer« nicht möglich ist), weist ebenfalls darauf hin, dass viel zu viele Frauen oft nur den Zustand der Verliebtheit oder eben den der Trauer über den Verlust des Mannes an ihrer Seite kennen.

Zitat

*»Am Anfang war mir das Leben gut.
Es hielt mich warm, es machte mir Mut.
Dass es das allen Jungen tut,
wie konnt' ich das damals wissen.
Ich wusste nicht, was das Leben war -,
auf einmal war es nur Jahr und Jahr,
nicht mehr gut, nicht mehr neu, nicht
mehr wunderbar,
wie mitten entzwei gerissen.*

*Das war nicht seine, nicht meine Schuld;
wir hatten beide nichts als Geduld,
aber der Tod hat keine.
Ich sah ihn kommen (wie schlecht er kam),
und ich schaute ihm zu wie er nahm und
nahm: es war ja gar nicht das Meine.«*

(Rainer M. Rilke, Das Lied der Witwe)

Witwe — widow
veuve — vedova
udova — özvegyasszony

Tipp

Das Leben besteht nicht nur aus Hochzeiten, auch traurige Tage gehören dazu. Hadern Sie dann nicht mit dem Schicksal, sondern rufen Sie in sich die positiven Veränderungen eines Abschieds wach. Und vertrauen Sie auf baldige bessere Zeiten.

♥ Liebe

Überlegen Sie, wo Sie an alten Vorstellungen von Liebe kleben und wo Sie Raum für Entwicklung schaffen sollten – innerhalb oder außerhalb einer Partnerschaft.

♣ Glück

Machen Sie Ihr Glück nicht abhängig von anderen. In Ihnen liegt alles, um ein zufriedenes und unabhängiges Leben zu führen.

✒ Erfolg

Auch die Veränderung einer ungesunden inneren Einstellung kann Ihrem Leben zum gewünschten positiven Aufwärtstrend verhelfen.

Witwer

Traditionelle Deutung

Der scheinbar trauernde weißhaarige Herr symbolisiert reifere, einsame, alleinerziehende, geschiedene oder verwitwete Männer. Dies kann auch ein Vater / Onkel / Schwiegervater sein, der schmerzliche Lebenserfahrungen gemacht hat.

Symbolische Bedeutung

Die rosaroten heißblütigen Zeiten der Werbung und der Verliebtheit sind vorbei. Hier betrauert wohl ein gesetzter Mann – der elegante Mantel und der in den gefalteten Händen gehaltene Zylinder identifizieren ihn als Bildungsbürger – seine gestorbene Liebe oder den Verlust eines nahestehenden Verwandten oder Freundes. Nachdenklich und in sich gekehrt wirkt er, wie er da gesenkten Hauptes am von welkem Laub umgebenen Grabstein steht. Der goldene Hintergrund erinnert an die Karten »Traurigkeit« und »Geistlicher«. Das Grün der Hoffnung dominiert jedoch. Gleichzeitig erweckt er aber auch den Eindruck, als würde er dem Vergangenen nur einen kurzen Besuch abstatten. Schließlich konnte sich der Mann in der Gesellschaft schon immer in seine Geschäfte stürzen, um den Schmerz des Abschieds zu verdrängen. Und nach einer angemessenen Zeit der Trauer nahm er sich oft eine neue, jüngere Frau ins Haus.

Während »Geliebte« und »Witwe« durchaus eine gewisse Ähnlichkeit aufweisen, haben »Geliebter« und »Witwer« so gar nichts miteinander gemein.

Die Eigenschaften des leidenschaftlichen Husaren haben im männlichen Eheverständnis der damaligen Zeit scheinbar keinen Platz.

Worum trauert der Witwer eigentlich wirklich? Vielleicht eher um den guten Geist seines Heims und den gesellschaftlichen Status, den eine rührige und fürsorgliche Ehefrau einem Bürgersmann verschaffen konnte. Vielleicht um die gemeinsamen Jahre und Erfahrungen, die miteinander gemacht wurden.

Das Potential des Witwers ist es, ein trauriges Ereignis in angemessener Zeit zu verarbeiten, dann loszulassen und wieder ins Leben zu gehen. Somit handelt es sich bei dem Witwer um eine Karte der Transformation, um Abschied und Neuanfang, Aber auch die Einsicht über die Vergänglichkeit allen Seins, die nicht zu Lethargie und Angst, sondern zur letztendlichen Bejahung des Lebens führt.

Zitat

»Der Witwer wünscht in seiner Not,
Zur sel'gen Frau durch schnellen Tod
Geführt zu werden.
Du guter Mann, nicht so verzagt!
Das, was dir fehlt, das, was dich plagt,
Findst du auf Erden.«

(Johann Wolfgang von Goethe,
Neujahrslied)

Tipp

Es gibt eine Zeit, zurückgezogene Trauer über Verlorenes zuzulassen, und eine Zeit, vorwärts zu schauen und mit Optimismus wieder am Leben teilzunehmen. Verpassen Sie das Loslassen und das neue Leben nicht.

♥ Liebe

Auch wenn das lodernde Feuer der ersten Leidenschaft gestorben ist, tötet das nicht die Liebe. Denn nun beweist sich ja erst, ob eine Beziehung auch im Angesicht von Vernunft und Erfahrung Bestand hat.

♣ Glück

Selbst die größte Trauer bedeutet nicht das Ende des Glücks. Gedenken Sie liebevoll der guten Zeiten und freuen Sie sich auf neue.

✈ Erfolg

Reife kennt kein Alter. Erfolg entsteht da, wo sich die Generationen austauschen. Lassen Sie die Jugend am reichen Schatz ihrer Erfahrungen teilhaben und lassen Sie sich vom Enthusiasmus der Jugend mitreißen.

Einige Tipps zur praktischen Kartenarbeit

- Die Räumlichkeit, in der die Karten ausgelegt werden, sollte sauber, gut gelüftet und ruhig sein (keine Musik, kein Telefon und TV). Räucherstäbchen oder Duftkerzen unterstützen manche beim Kartenlegen – andere irritieren sie. Kerzenlicht macht sich besser als grelle Lampen. Die Intensität des Kartenlegens wird verstärkt, wenn der Raum ganz bewusst vor jeder Session vorbereitet wird. Noch besser: Es gibt bereits einen Ort, der für Meditation u.ä. reserviert ist. Hier hält sich die Energie bei regelmäßiger Nutzung wie in funktionstüchtigen Gebetshäusern und verstärkt die Aussagekraft bei der Arbeit mit den Karten.

- Nehmen Sie sich einen Moment Zeit, zur Ruhe zu kommen. Meditation kann hier hilfreich sein. Ansonsten schließen Sie einfach einen Moment die Augen, atmen tief und entspannt. Es hilft, sich vor der Session zu erden. Dazu visualisieren Sie z.B. bei geschlossenen Augen, wie rotes Licht oder dicke Wurzeln aus Ihrem Wurzelchakra fließen/wachsen und tief in den Boden unter Ihnen dringen.

- Wenn Sie sich ruhig und geerdet fühlen, nehmen Sie die Karten zur Hand und mischen sie, so wie es sich am besten für Sie anfühlt und wie Sie am liebsten mischen. Denken Sie über die Frage/n nach und versuchen Sie, diese möglichst präzise zu formulieren (offene Fragestellung!). Es empfiehlt sich, die Fragestellung vor dem Auslegen und anschließend das Endresultat aufzuschreiben – so kann man sich am wenigsten selbst betrügen.

- Wenn Sie sich bereit fühlen, legen Sie die Karten nach neuerlichem, konzentriertem Mischen aus. Benutzen Sie dafür eine bereits vertraute Legeweise (am Anfang: je weniger Karten je besser) und bleiben Sie bei der Auslegevariante, für die Sie sich entschieden haben.

- Deuten Sie nun die Karten. Lassen Sie dabei erst einmal die Farben wirken, dann die Bilder und Worte. Betrachten Sie jede Karte im Detail und versuchen Sie anschließend, einen Sinnzusammenhang zu bilden. Es kann helfen, sich eine Geschichte zu den Karten auszudenken.

- Notieren Sie die Kartenlegung und machen Sie sich nach Möglichkeit Stichpunkte zu den einzelnen Karten, eventuell auch eine kleine Zusammenfassung des Ergebnisses. Überprüfen Sie später, in wie weit die Interpretation eingetroffen ist.

- Sortieren Sie die Karten und legen Sie sie an den für sie vorgesehen Ort.

- Es ist eine gute Idee, sich erneut zu erden oder kurz mit geschlossenen Augen inne zu halten.

- Lüften Sie abschließend den Raum.

Legesysteme

9er-Legung nach ROE

	Vergangenheit	Gegenwart	Zukunft
Geistige Ebene	1	2	3
Emotionale Herzens Ebene	8	9 / Signifikator	4
Basis	7	6	5

Legen Sie den ausgewählten Signifikator (um welches Thema geht es) offen in die Mitte. Mischen Sie die Karten und legen Sie sie im Uhrzeigersinn aus: von links oben beginnend 8 Karten im Kreis und die neunte auf den Signifikator in die Mitte.

Geistige Ebene
1, 2, 3

Emotionale (Herz) Ebene
8, 9 und 4

Basis Ebene
5, 6, 7

Vergangenheitlinie
1, 8, 7

Gegenwartlinie
2, 9, 6

Zukunftlinie
3, 4, 5

Kreuz nach Max Bolleter, Zürich

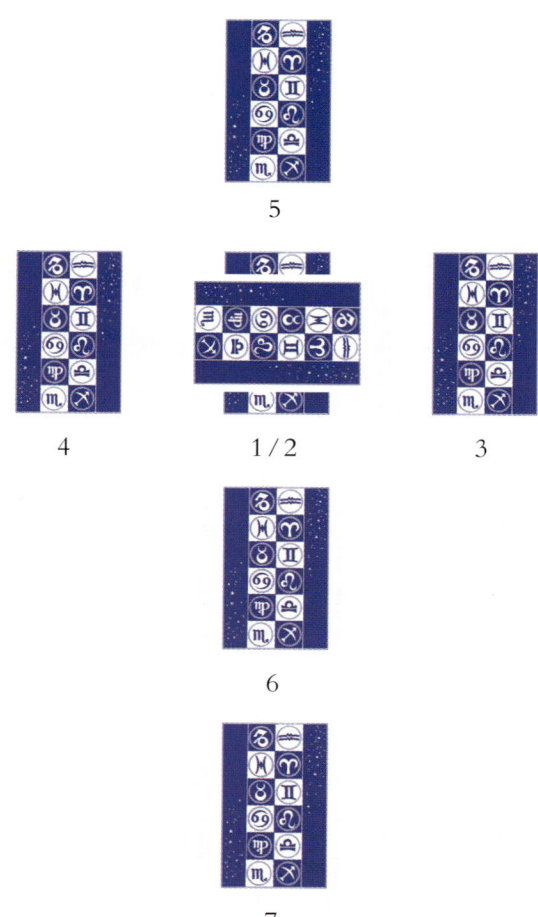

Signifikator-Karten ziehen: 1 und 2 unterstützen oder behindern sich
3 / 4 links und rechts vom Signifikator weitere und nähere Vergangenheit
5 Hauptthema
6 nähere und 7 weitere Zukunft

BRAINSHOT©ROE

Bei dieser Legung wird keine Frage gestellt. Dabei ist es wichtig, an nichts zu denken und sich auch nicht ablenken zu lassen. Die drei gezogenen Karten stellen eine Momentaufnahme der jetzigen Situation dar.

2

1

3

    1. Der jetzige Moment, die Stabilität
    2. Der positive, beflügelnde Aspekt, das Höhere
    3. Der negative, hemmende Aspekt, die Blockade

Anhang★

Weitere Legemuster

Das Kreuz

Suchen Sie sich zunächst eine entsprechende Signifikatorkarte aus. Das ist diejenige der 36 Zigeunerkarten, die Ihre Person und Ihre Situation im Moment am besten darstellt. Für das Kreuz ziehen wir 4 Karten aus dem Fächer.

Dieses Muster soll über die gegenwärtige Situation als Folge des Vergangenen Auskunft geben und über die zu erwartenden bzw. zu bedenkenden Entwicklungen.

Die Signifikatorkarte K liegt in der Mitte.

Für das *Heute* (1a) ziehen wir die erste Karte. Sie wird über die Signifikatorkarte gelegt und symbolisiert das, was wie eine Drohung oder eine Verheißung über dem Fragenden schwebt und nicht unter Kontrolle ist.

Für das *Vergangene* (2) ziehen wir die zweite Karte. Sie steht für die Ursachen der heutigen Situation.

Für das *Heute* (1b) ziehen wir eine weitere Karte und legen sie unter die Signifikatorkarte. Sie symbolisiert das, was der Fragende unter Kontrolle hat und was ihn trägt.

Für die Zukunft (3) ziehen wir eine vierte Karte und legen sie rechts neben die Signifikatorkarte. Sie symbolisiert das, was als Resultat aus dem Vergangenen und dem Heutigen zu erwarten ist.

★Nach *Harald Jösten*, Lenormand – Liebe, Glück, Erfolg. Krummwisch 2006

Das Reihenspiel

Die Karten werden gut durchgemischt. Der Fragende hebt ab und legt die Karten selbst von links nach rechts in Reihen zu je acht Karten aus. Die vier verbleibenden Karten werden beginnend bei der dritten Karte der vierten Reihe unter dieser ausgelegt.

Suchen Sie sich zunächst eine entsprechende Signifikatorkarte aus. Das ist diejenige der 36 Zigeunerkarten, die Ihre Person und Ihre Situation im Moment am besten darstellt. Die Bedeutung der Karten ergibt sich aus dem jeweiligen Umfeld und aus der Nähe oder der Entfernung zur Signifikatorkarte.

Der Siebener-Weg

Dieses Legemuster spricht den spielerischen Aspekt des Kartenlegens an. Es leitet den Fragenden an, sich selbst intuitiv mit der Lösung für sein Problem auseinander zu setzen. Diese Legeart hilft dabei, die eigenen Gedanken zu ordnen und sich seiner Ziele bzw. der Wege dorthin klarer zu werden.

Alle Karten werden offen, das heißt mit der Bildseite nach oben ausgelegt. Der Fragende wählt nun intuitiv die Karte aus, die seiner Meinung nach am besten seine eigene Situation (= Karte 1) ausdrückt. Dann wählt er eine zweite Karte aus, die das Ziel verkörpern soll, auf das er hinarbeiten möchte (= Karte 2). Zuletzt wählt er intuitiv fünf Karten aus, die einen Weg oder eine Brücke von der Ausgangssituation zum Ziel darstellen.

Anzeige

Lenormand - Karten

Die Orakelspielkarten nach Madame Lenormand (1772-1843) sind die wohl bekanntesten und meist gekauften. Die einfache Symbolik auf den zumeist 36 Karten (es gibt auch Varianten mit mehr Karten) ermöglicht einen unkomplizierten Zugang. Eine umfangreiche Einführung in die moderne psychologische Symboldeutung der Lenormand-Karten bietet das Buch von Harald Jösten. Sie finden bei Königsfurt-Urania die zur Zeit größte Auswahl Lenormand-Karten.

HARALD JÖSTEN: DER NEUE SCHLÜSSEL ZU DEN KARTEN DER MME. LENORMAND
Set (Buch + Cartamundi Karten)
ISBN 978-3-89875-687-7,
Buch separat: ISBN 978-3-89875-688-4

LENORMAND 1890 ORAKELKARTEN
(Lo Scarabeo)
ISBN 978-3-89875-607-5

LENORMAND KARTEN
(Lo Scarabeo)
mit Kartenbildern
ISBN 978-3-89875-727-0

LENORMAND KARTEN
(Königsfurt)
mit Versen:
ISBN 978-3-89875-779-9
mit Kartenbildern:
ISBN 978-3-89875-877-2

LENORMAND WAHRSAGEKARTEN
(Piatnik)
ISBN 978-3-89875-608-2

LENORMAND WAHRSAGEKARTEN (Cartamundi)
mit Kartenbildern und Versen
ISBN 978-3-89875-574-0

LENORMAND WAHRSAGEKARTEN (ASS)
mit Kartenbildern:
ISBN 978-3-89875-622-8
mit Versen:
ISBN 978-3-89875-623-5

Lenormand – der neue Ansatz

In der Traumdeutung stehen *Vögel* für die Liebe, Weisheit, Freiheit, Überblick (»Vogelperspektive«) u.v.m.; sie warnen aber auch vor Abgehobenheit, falschem Idealismus und Wunschdenken. Harald Jösten ist es gelungen, diese wichtigen und spannenden Doppeldeutungen für die Bildsymbole jeder Lenormand-Karte herauszuarbeiten. Damit wird eine neue, vielversprechende Dimension im Umgang mit den Lenormand-Karten eröffnet, die zugleich einen einfachen Einstieg in die kreative Deutung von Alltagssymbolen ermöglicht.

Orakelspiele aus dem Königsfurt Verlag
Neue Sicht auf alte Orakel

Der Dalai Lama befragt vor wichtigen Entscheidungen seine Orakel. Viele Menschen in all Welt halten es ebenso. Orakel sind heute Spiegel und Inspiration, Spiel und Wegweisun Es kommt nur darauf an, ein Orakelspiel zu verwenden, zu dem man selbst eine Berührun einen Zugang verspürt. Und darauf, sich von abergläubischen Deutungen zu trennen.

Die psychologische Symboldeutung nutzt Orakelkarten als inspirierende Kristallisation punkte. Hier geht es um neue Möglichkeiten und eine größere Verantwortung für das eiger Handeln – kurz, um einen bewussten Umgang mit dem eigenen Wollen und Leben. So gese hen, sind die scheinbar so alten Orakelkarten auch sehr modern. Viele Elemente der Traditio sind für die Gegenwart durchaus nützlich. Die Zukunft gestalten (nicht vorhersagen!) heiß aus der Vergangenheit lernen und die Gegenwart bewusst erleben!

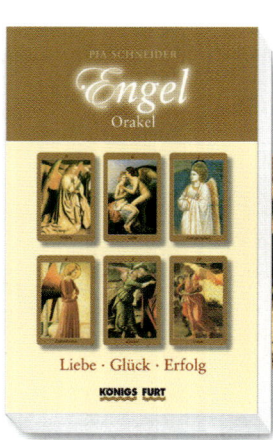

PIA SCHNEIDER
ENGEL ORAKEL – LIEBE, GLÜCK, ERFOLG
Set mit Buch und 32 Engel-Karten
ISBN 978-3-89875-832-1
Buch separat: ISBN 978-3-89875-833-8

RICHARD WITTHÜSER
EIN ENGEL FÜR DICH
32 Inspirationskarten mit Bild und Text
ISBN 978-3-89875-723-2
Himmlische Streicheleinheiten für gestresste Seelen!
Auch mit Buch im Set,
ISBN 978-3-89875-858-1

CHOR DER ENGEL
80 Inspirationskarten mit dt. Anl.
ISBN 978-3-89875-538-2

SIBYLLE DER ENGEL / ENGEL-ORAKEL
32 Orakelspielkarten mit dt. Anl.
ISBN 978-3-89875-637-2

IKONEN ENGEL / KARMA ANGELS
32 Orakelspielkarten mit dt. Anl.
ISBN 978-3-89875-602-0

CHOR DER HEILIGEN
78 Inspirationskarten mit dt. Anl.
ISBN 978-3-89875-636-5